新时代领导力提升的路径研究

杨波丽　张秀全 ◎ 主编

中国书籍出版社
China Book Press

图书在版编目（CIP）数据

新时代领导力提升的路径研究 / 杨波丽，张秀全主编. -- 北京：中国书籍出版社，2024. 8. -- ISBN 978-7-5068-7807-4

Ⅰ．C933

中国国家版本馆 CIP 数据核字第 2024H9L516 号

新时代领导力提升的路径研究

杨波丽　张秀全　主编

责任编辑	杨　莹　尹　浩
责任印制	孙马飞　马　芝
封面设计	瑞天书刊
出版发行	中国书籍出版社
地　　址	北京市丰台区三路居路 97 号（邮编：100073）
电　　话	（010）52257143（总编室）　（010）52257140（发行部）
电子邮箱	eo@chinabp.com.cn
经　　销	全国新华书店
印　　刷	济南文达印务有限公司
开　　本	710 毫米 × 1000 毫米　1/16
印　　张	12.25
字　　数	200 千字
版　　次	2024 年 8 月第 1 版
印　　次	2024 年 8 月第 1 次印刷
书　　号	ISBN 978-7-5068-7807-4
定　　价	58.00 元

版权所有　翻印必究

前言

领导力是领导活动的灵魂，对组织的存在与发展具有举足轻重的深远影响。缺乏卓越的领导力，便无法塑造出优秀的组织，亦无法赢得成员的凝聚力，更难以催生高质量的领导实践。

领导者的核心竞争力正体现在其领导力上。领导力是领导活动的精神内核，缺乏卓越的领导力，领导活动势必黯然失色，难以彰显其应有的光彩。

在各个组织中，不同层级的领导者扮演着各自的角色，他们的职位、职责、职权各不相同。然而，共通之处在于，他们都需致力于培养卓越的领导力，以在各自的岗位上发挥出最佳的领导效能。由此可见，缺乏优质的领导力，便无法催生具有灵魂与生命力的领导活动。

本书是一本关于如何运用领导力取得成功的实践指南。首先从分析领导、领导力的含义入手，进一步解读领导力的要素、层次及应具备的能力，由此开启领导力养成之旅；然后逐一深入讨论了领导力养成过程中领导者潜能的各个层面的问题。通过如何激活领导潜能、认知源泉、愿景目标、战略谋划等几个方面，告诉读者领导力的发现、培养、提升的方式方法。

本书的最大特点，一是实战实用，深入浅出地讲解了各种领导力和有效的使用方法；二是脉络分明，从最基本的领导力概念入手，然后逐一深入讨论各个层面的相关问题，由浅入深，并逐渐垂直聚焦，传递理念的同时更给出方法，以解决领导实践中遇到的问题。

本书旨在为领导者、管理者以及对自我能力提升有需要的人士提供实用指导和启示，可作为组织领导课程的参考资料，也可作为干部培训使用的管理学课程参考。

目录

理 论 篇

第一章 领导的定义 3
- 第一节 "领""导"的解构 3
- 第二节 领导的管理学原则 10
- 第三节 领导的人格塑造 14

第二章 领导力的概念界定 22
- 第一节 领导与管理的关系 22
- 第二节 领导者与管理者的关系 23
- 第三节 领导者与领导力的关系 25

第三章 领导力解读 27
- 第一节 构建有影响力的领导力 27
- 第二节 成为有影响力的领导者 31

路 径 篇

第四章 领导力养成从管理自己开始 37
- 第一节 理想 40
- 第二节 现实 46
- 第三节 选择 51

第四节　行动 57
第五章　引领他人提升效能 61
　　第一节　常见现象 61
　　第二节　管理角色 65
　　第三节　有效沟通 68
第六章　带领团队接受更高挑战 72
　　第一节　团队面临的挑战 72
　　第二节　团队的发展阶段 76
　　第三节　团队的保障 79
第七章　战略影响组织协同共赢 86
　　第一节　战略规划 86
　　第二节　战略管理 88

提　升　篇

第八章　识人能力的提升 107
　　第一节　人的多面性 107
　　第二节　德才兼备之"痛" 111
　　第三节　识人之法 115
　　第四节　才能之度 125
第九章　用人方法的提升 135
　　第一节　唯才是举与量才录用 135
　　第二节　"权力"的分配 138
　　第三节　长、短处的辩证法 145
　　第四节　边界的辩证法 146
　　第五节　用人艺术 153
第十章　沟通艺术的提升 160
　　第一节　沟通的理论 160
　　第二节　沟通艺术的对象逻辑 164

第三节　沟通的语言逻辑 169

　　第四节　沟通的结果逻辑 173

第十一章　调整能力的提升 **176**

　　第一节　调整的准备 176

　　第二节　调整的时机 179

　　第三节　调整的艺术 182

参考文献 **187**

理论篇

领导力的存在与否与是否担任领导职务并非同一概念。拥有领导职务的人未必具备领导力，而缺乏领导职务的人亦可能展现出卓越的领导力。显然，理想的状态是领导职务与领导力相得益彰，即担任领导职务者应具备相应的领导力。然而，这就引发了一系列问题：

领导力究竟是何物？其定义与内涵是什么？

领导力是否能够通过后天的学习和实践得以培养和提升？

领导力是否是每个人都潜藏的内在能力？如果是，那么这种潜能又存在于何处，如何被发掘和激发？

第一章 领导的定义

第一节 "领""导"的解构

在领导理论范畴内，对于领导概念的界定，需从"领导"二字的源头进行深入剖析，系统研究领导理论体系中"领"与"导"二者所蕴含的本质内涵，明晰其区别与联系，探讨其主从架构关系，揭示其内因表象及运动规律。在此基础之上，需重构领导框架与机理，恢复领导概念的本来面目，以更好地指导实践、服务发展。

一、"领"的解析

（一）"领"的基本含义

通过对相关文献典籍的梳理，可以发现"领"字具有动词、名词、副词甚至量词等多重含义，具体包括以下几个方面：

（1）在描述人体部位时，"领"指颈，即脖子，如"引领而望"，意在表达昂首眺望的姿态。

（2）在服饰领域，"领"则指衣服上围绕脖子的部分，如衣领、领口、领结、领带、领章等，用以形容服饰的样式与细节。

（3）在表达事物的重要部分或核心内容时，"领"被赋予"事物的纲要"之意，如领袖、要领、提纲挈领等，用以强调事物的关键所在。

（4）在描述引导、率领的行为时，"领"可表达带、引、率等含义，如带领、率领、领头、领衔等，凸显领导者的引导与率领作用。

（5）在描述地理或管辖范围时，"领"可表示治理的、管辖的，如领海、领空、领土、领域等，体现对特定区域的掌控与管理。

（6）在描述接受或取得的行为时，"领"可表达领奖、领命、领款、领教、招领等含义，体现对某种事物或任务的接纳与完成。

（7）在描述认知或理解的过程时，"领"可表达领悟、领略、心领神会等含义，强调对某种知识或情感的深刻认识与体会。

（8）"领"还可作为量词使用，用于描述衣服、席、箔等物品的数量，如一领席等。

（9）在古汉语中，"领"还有"岭"的含义，用以指代山岭等地形特征。

由此可见，在我们探讨的领导理论框架下，领导之"领"主要侧重于其动词层面的意义，即带领、引领、率领等，这与之前所引用的领导解构结论存在显著差异。此外，在领导理论的广阔领域中，"领"的内涵亦呈现出显著的多样性：领导在"领"的方面展现出鲜明的示范与带头作用，从而具备了强烈的感召力与动员力。因此，我们可以从字面上简洁地理解为，领导的"领"即意味着要发挥带头作用。在我国悠久的历史长河中，体现领导"带领、引领、率领"精神并产生强大感召力和动员力的事例不胜枚举。特别是在中国共产党波澜壮阔的百年奋斗历程中，每当党的干部振臂高呼"跟我来""共产党员上"并身先士卒冲锋在前时，便能迅速汇聚起摧枯拉朽的磅礴力量，这无疑是对"领"字最为生动深刻的诠释。

（二）"领"的特点

领导理论中的"领"具有以下几个显著特点。

一是要素性。领导者的"领"涵盖了话语权、语言能力，即感召力，以及肢体动作等要素。在实际场景中，领导者还需具备决策权，这是领导要素的重要体现。

二是显性化。领导者的"领"需具备显性特征，即必须让人能够明确感知和听到。换言之，领导者的要素应在关键时刻和显著位置得到明确表达，如同旗帜一般，引领和激励团队前行。

三是要素倍增性。无论是针对特定事件还是话题，领导者的"领"都发挥着至关重要的作用。这是因为领导者如同催化剂，能够推动事件和话题的启动与发展。随着领导者要素的发挥，团队行动的效果将实现倍增，甚至可能瞬间爆发。

四是不可控性。由于领导者的"领"具有显性和倍增性特征，其必然伴随着一定程度的不确定性。当领导者的作用发展到一定程度，带领事件或话题进入高潮阶段时，即便是领导者本人也难以完全掌控事件的发展和话题的走向。这种不确定性使得领导者与被领导者之间的关系变得复杂而微妙，正如"水能载舟亦能覆舟"所揭示的道理。

"领"在领导理论研究和领导实践中，其作用方式直接简明，有时甚至需要表现出"果断"特质，以确保效果显著、立竿见影。然而，"领"所催生的发展趋势及其所汇聚的力量，却往往难以精确预测，对其的把握与掌控更是极具挑战性。正是基于"领"的这些独特属性，在领导理论研究中，必须深入剖析其作用机理，清晰认识其运行规律，精准界定其限制性边界，从理论层面提炼出其内在规律性。唯有全面挖掘并深刻掌握"领"的规律性，才能在领导实践中，更加熟练地运用"领"的策略技巧，从而精心培育并锻造出一支高素质、高效能的领导干部队伍。

二、"导"的解析

（一）"导"的基本含义

将"领导"二字拆解，从字义层面对"领"的特质进行深入剖析，旨在明确其在"领导"概念中的定位。依据领导理论的分析，"领"的特质虽具有潜在的爆发力，类似于一种"基因"特性，然而在实际的领导实践中，它更多地扮演着辅助与从属的角色，其影响力往往呈现出短暂而有限的特征。

鉴于"领"在领导理论体系中占据从属与辅助的位置，即矛盾的次要方面，那么，在"领导"这一复合概念中，占据主导地位、发挥决定性作用、构成矛盾主要方面的，必然非"导"莫属。因此，对"导"的深入剖析与探索，应成为研究领导理论时的重要课题与关键领域。

关于"导"的阐释，在深入研读相关文献典籍后，得到以下信息：从造字结构的精妙来看，"导"字之上部为"首"，象征着人，寓意与人的关系密切且蕴含主导的深意；其下部则为"止"，形似人之足，意在强调行动与实践，需身体力行以体现其内涵；而外围之"行"，则意味着有人行至路口处。在华夏古语之中，"寸"与"手"的意蕴颇为相近，故在"导"字之中，二者共同传达了以手牵引的理念。古人创制此字，其意明显：当一人行至路口，面临抉择，茫然不知所措之际，亟须有他人伸出援手，牵引其通过路口，顺利抵达彼岸。由此可见，"导"字深具引导与指引的重要内涵。

导的基本字义涵盖以下方面：

（1）指引与带领之意，涉及领导、引导、向导（即引路之人）、倡导、推导、导引、导游、导向、导师及导言等概念。

（2）传引与传向之义，体现在传导、导热、导致（即引起某种结果或变化）等方面。

（3）启发与指导之作用，包括开导、教导以及因势利导等策略。

从"导"字的原始构造与词义发展来看，就领导理论层面而言，"导"的核心乃至本质内涵无疑是指引和启发。这一内涵尤为显著，且地位至关重要。

（二）"导"的特点

在领导理论体系中，"导"这一概念展现出以下一系列典型特点。

一是单向性特质显著。具体而言，"导"的行为指向明确，具有明确的方向性，非双向互动之过程，其行进模式恰似水流之趋势，即"水势自然流向低处"。在教育教学实践中，"导"发挥着至关重要的传授作用，涉及思想启迪、知识传授以及技能培养等诸多方面。

在领导理论的探讨中，"导"与"领"二者的核心差异在于："导"的效能主要依托于其内在精髓的深刻与丰富。换言之，"导"的内容若足够精炼且深刻，则对辅助性元素的依赖程度将相对较低。因此，在"导"的实践过程中，尽管激情洋溢的表达方式能够感染并激励受众，但平和而深入的阐述同样能够令人心悦诚服，甚至仅通过文字书籍的传递，亦能达到"桃李不言，下自成蹊"的深远影响。实际上，"身教重于言教"这一广为流传的箴言，便是对"导"之内涵的精准诠释。它强调了身教在引导过程中的重要性，即通过自身的行为和示范来影响和启迪他人，远比空洞的言辞更为有效和深远。

二是润物无声。与"领"的显性特质相较而言，"导"的作用往往更为隐性，如同空气之于生命，不可或缺。无论我们是否意识到其存在，它始终在无声无息中为我们提供着支撑与滋养。因此，在思想引领、知识传授、技能培养等过程中，"导"对广大受众的影响方式是于无形中渗透，于细微处成就。

三是影响深远且广泛。所谓"导"的作用，其影响并不局限于特定对象或特定时间，它既存在于有形之中，又隐含于无形之间，既可见于有声之处，又可达于无声之境。这正如中国传统文化所倡导的中庸之道和无为而治理念，它们作为中华民族永续发展的"导"，一直以来在引导着我们的文化脉络。古人所言的"立德、立功、立言"之人生"三不朽"，正是通过"导"的作用，激励着一代又一代的知识分子。同时，这种"导"的作用还超越了地域和语言的界限。无论是中华民族的儒家思想在世界范围内的广泛传播，还是西方古希腊哲学、黑格尔哲学对我国产生的深远影响，抑或马克思主义对中国近现代历史走向的深刻改变，并为中华民族伟大复兴提供了坚实的理论和思想基础，这些都是"导"之影响无限的鲜明例证。

四是注重时间的积淀。领导之"领"，其效用常能立竿见影，往往只需"振臂一呼"，便能"应者云集"。然而，领导之"导"，则在于传授道理、提升技能，甚至传递理论与思想。故而，"导"之成效的显现，必须经历"水滴石穿非一日之功"的漫长过程，任何企图"一步登天"的想法皆是"空中楼阁"。正因为"导"之作用往往潜移默化、润物无声，故"导"之功往往难以直观感知。这也正是人们易于忽视"导"之重要性的根源所在，亦是理论研究鲜少触及的缘由。

在领导理论的深入剖析中，"导"所承载的意义与价值尤为显著且深远。然而，令人遗憾的是，在领导理论的研究进程中，对于"导"的探讨和阐述尚显不足，甚至有所缺失。其中的部分原因可能在于，无论是领导理论的研究者还是管理学的专家学者，他们的焦点往往更多地聚焦于"领"的效能与作用的发挥上，更多地强调"身先士卒""跟我上"的引领作用，并有时将此作为评判领导是否称职、是否履职的重要标准。

诚然，"领"的这些表现无疑能够直观地展现领导者的能力，但往往局限于表面的形式，相对较为容易实现。然而，"导"作为领导理论研究的核心领域，却具有更为本质和深远的意义。它如同"润物细无声"的春雨，潜移默化地影响着干部队伍的素质提升，进而推动整个组织领导力的增强。

三、"领"与"导"之间的差异

通过对"领导"二字的深入剖析，可以看到，在领导理论的构建中，"领"与"导"二字所承载的意蕴存在显著差异，具体体现在以下几个方面。

（一）"地位"差异

担纲"领导"者，必然身居团队核心，与其他团队成员融为一体，只是其位置更显要，如雁阵中的领头雁角色；或作用更为突出，犹如合唱团中的"领"唱者。而"引导"则有所不同，"引导者"对于团队而言，其显著特征在于其若隐若现、若即若离的状态，既不在团队中心，又无时无刻不成为团队的"精神支柱"。这主要是由于凡"引导者"必始终在思想、学识、修养、能力及胆略等方面"凌驾"于团队之上。当然，此处的"高高在上"并非指世俗地位，而是特指其内在素质与能力的卓越。

（二）两者的作用机制存在差异

对于"领"者而言，他们通常倾向于亲身参与，身体力行，以自身行动为示范，否则可能面临"人走茶凉"的境地。究其原因，虽然"领"者具备一定的学识和修为，但其核心力量主要在于其职位，即我们通常所说的"椅子"——即权力的象征。相对而言，"导"者的作用方式则截然不同。他们基本无需亲自示范，而是通过其思想、学识、修为、能力以及胆略等所形成的气势，随时随地影响和引领自己的团队，甚至是对手。以先秦诸子百家为例，孔夫子的儒家思想尤为卓越，其思想不仅引领了中华文化数千年，更对全世界产生了深远影响。

（三）本质迥异

"领"的本质在于形之发动，亦于形之收束，因此，往往一事一例，难以简单复制，机械重复更可能酿成悲剧。例如，萧何月下追韩信之所以成功，是因为韩信是离去而非背叛；李自成孤身闯营而留下郝摇旗，则在于郝摇旗义气犹存，且李自成威势甚重。再如井冈山时期，红四军参谋长王尔琢为追回叛逃的前卫第 2 营营长袁崇全及所部官兵，最终牺牲在叛徒袁崇全枪下，其教训深刻，充分彰显了"领"的复杂性和不可复制性。

"导"的本质在于道之启发，心之收获，"导"之功在于持之以恒，愈久弥坚。正如"十月革命一声炮响，给中国送来了马克思列宁主义"，自此以后，无数中华民族的优秀儿女，毅然决然地踏上了共产主义道路，不惜付出巨大牺牲，坚定不移地追求理想，这便是"导"的深远影响和强大力量。

解构"领"与"导"的内涵，无论是深入剖析字义的细微差别，还是探究两者的根本异同，绝非简单的文字游戏或刻意标新立异，而是重构领导理论语境下对"领导"概念的全面理解。唯有通过完整且精准地重构领导理念，方能既有效指导领导理论研究的深入发展，提炼出领导行为中具有规律性的本质内涵，切实指导领导实践的具体开展，显著提升领导工作的效率与水平。如此一来，领导工作便能在既定规律的框架内有序运作，保持其应有的节奏与稳定性，避免因盲目或随意而导致的工作失误或偏离方向。

四、"领导"含义的重构

所谓重构"领导"理念，即要深入探索并系统研究"领导"的本质特征、运作机制、互动模式及其所依赖的环境条件和制约因素。唯有对这些核心问题进行详尽而精准的剖析，方能在领导理论体系中重构并确立一个清晰明确的"领导"框架。此举旨在将领导的"人格"特质与"非人格"特质进行有效区分，进而将其解构为各具特色、相互独立而又紧密关联的结构要素，形成两条并行不悖、互不干扰却又相互支撑的结构脉络，宛如现实世界中并行不悖的铁路轨道。唯有构建这样一个"领"与"导"界限分明、互不替代的领导理论体系，方能建立起一套条理清晰、相互驱动且相互制衡的高效运行机制。这样，我们既能充分发挥领导"人格"特质的主观能动性，又能严格遵循领导"非人格"特质的客观规律与约束，从而确保领导活动的科学性与有效性。

由此可见，在领导理论体系中，"领"的作用，是关键时刻挺身而出的场景展现，为组织与团队的表率。故而，"领"非领导理论的本体，亦非领导实践中的"常态"。而"导"则构成领导理论的核心要素，是对组织与团队潜移默化的教育、培育过程，亦为相互影响的动态发展。"导"所主导者，既涵盖技能、知识、能力及思想的提升，亦包含自然事物规律的探索，更涉及协调、交流、沟通及让步等利益平衡的人际关系技巧。

综上所述，"领"风气之先，"导"道义之本。"领"与"导"之所以能够共同构成领导之的核心要义，其关键便在于此。二者相辅相成，共同推动组织与团队的发展进步，实现领导效能的最大化。

第二节　领导的管理学原则

一、概念解析

（一）领导逻辑

领导逻辑，是指涉于"领"与"导"之间的内在逻辑，是领导理论体系中"领"与"导"二者间相互作用的动态关系、相互影响的内在机理，以及相互转换的规律性的逻辑体系。

在领导理论中，"领"与"导"之间的逻辑关系表现为："导"通常占据主要矛盾和矛盾的主要方面，而"领"则相对处于从属地位，构成次要矛盾和矛盾的次要方面。在此逻辑结构中，"导"被视为领导的逻辑起点，构成领导机理的内在驱动力和决定性因素。相对地，"领"则是领导逻辑的外在展现形式，是领导机理外部因素作用于领导机理，进而影响其运行效率的重要外部条件。

（二）领导关系

领导关系是由领导机理与领导者共同构成的有机整体，领导者作为领导机理的具体体现而存在。领导机理作为领导关系的内在动力机制，是领导关系得以形成和发展的核心要素，而领导者则是领导关系的外在表现形式和实践者。需要强调的是，这里的领导关系属于逻辑学范畴，具有严谨的理论体系和逻辑结构，绝非一般常识中简单理解的领导者与被领导者之间的关系。

（三）领导机理

领导机理不仅是领导活动的物质基石，更是工作运转的流程与程序，同时亦是组织运作的清晰蓝图。在逻辑关系的层面，领导机理不仅承接了"领"与"导"的核心理念，而且与领导关系逻辑紧密相连，并在其中发挥着主导性的关键作用。因此，从逻辑分析的角度出发，领导机理在领导理论体系中占据着承前启后、贯通始终的中枢地位。此外，从组织行为学及管理学的视角来看，领导机理不仅是领导实践活动的起点，还是组织架构构建的根本依据，是体系顺畅运作的指引图，是规范组织成员行为的界限，更是激发成员主观能动性的关键阀门。

二、领导的管理学原则

从领导理论的视角审视，管理无疑是领导工作不可或缺的关键环节。而从组织行为学和管理学的角度深入分析，领导职能更是管理学研究的重要领域。对组织行为学和管理学中的领导理论进行深入研究，不难发现，其主体内容均聚焦于领导者的核心职能与角色。

由此可见，我们所研究的领导理论与组织行为学及管理学中的领导理论在本质上存在显著差异。在领导理论的探讨中，我们聚焦于领导的管理学原则，而在领导逻辑的构建中，这些原则体现为领导机理，即领导的"非人格"属性。领导机理的核心在于构建领导工作从宏观到微观的完整内涵，进而在组织中形成清晰明确的层级结构和操作程序。

（一）领导机理的构成要素

无论是个人还是组织，无论规模大小，目标始终如影随形，时刻伴随我们。就个人而言，目标可谓繁多，远的有人生规划、大学学业目标、职业追求，乃至心仪的伴侣等种种期望。而对于商业组织而言，除了长远的愿景（如成功上市），还需设定年度目标、季度目标和月度目标等短期指标。为实现组织整体目标，必须将任务细化到每个个体，确保每个人都拥有明确的工作目标，并为之努力奋斗。

领导理论中的领导机理，其核心目标在于有效推动组织目标的实现。然而，领导机理在实现组织目标过程中所蕴含的内涵，与先前所提及的组织行为学和管理学中的部分内容存在本质差异。在深入研讨领导理论的过程中，我们发现领导机理所涵盖的要素，是指那些作为领导者必须履行的职责，且这些要素并不受领导者个人特质所影响的组成部分。具体而言，这些要素主要包括以下几个方面。

第一，规划。任何组织的目标都并非随意设定，而是在充分考量环境条件、自身能力、竞争对手状况以及市场策略等诸多因素后，经过深入研究与分析，精心制定而成。在此基础上，我们需要构建出独具特色、行之有效的经营模式和盈利模式，以坚实支撑组织目标的实现。这样的规划过程，不仅体现了领导者严谨的工作态度，更是实现组织长远发展的必由之路。

第二，布局。一个优秀的组织目标规划，其核心在于经营模式中的布局合理性以及在盈利模式中的重点突出。因此，布局合理意味着在规划过程中，我们必须深入全面地研究环境条件与竞争对手，进而制定出精准的市场攻略。而重点突出，则是基于对自身能力的准确评估，集中优势力量，明确盈利的布局重心。

第三，组织。所谓的组织，既涵盖了组织机构的合理设置，又涵盖了组织上下各级的协同行动。即便目标规划再合理、布局安排再周密，倘若缺乏稳固的组织机构作为支撑，那么一切都将成为空中楼阁、水中月影，看似华丽实则无用。因此，组织机构是否能够给予规划和布局以坚实有力的支持，尚需依赖于科学合理的人力资源配置。

第四，管控。即管理控制，它是确保组织高效有序运行的关键环节。如若缺乏有效的管控机制，组织将难以凝聚力量，变得如同一盘散沙，丧失应有的战斗力。届时，即便是再好的规划与布局，也终将沦为他人的笑柄，无法发挥应有的作用。

第五，总结与评估。一个严谨且高效的领导系统，必定会将总结与评估作为关键环节予以高度重视。因为，无论领导者的能力如何卓越，领导系统在运作过程中都不可避免地会受到"天时、地利、人和"等多重因素的影响。

（二）领导系统的运作

自规划伊始，至总结评估之终，各环节紧密相连，构成领导系统运作的完整流程。作为一个组织，领导系统唯有遵循此流程运作，方可确保健康理性。然而，领导系统的运作尚需恪守两大原则：其一，领导机理的流程需循环往复。这一循环往复蕴含双重含义：一是针对最高层次的组织发展是否转型，需对既有方向进行深入总结评估后，重新启动领导机理的全流程；二是于一般项目执行过程中，若总结评估结果与初始规划存在较大出入，则需重启项目领导机理流程，调整相关安排。领导机理的要素具备可分拆组合的特性，因组织形态各异，规模大小不等，结构复杂与简单并存。对于小型及复杂组织的低层次组织，如规划与布局要素的应用相对较少，甚至无需涉及。例如，工厂生产车间的规划与布局与其无直接关联，其领导机理的运作主要聚焦于组织、管控与评估总结等关键环节。

第三节　领导的人格塑造

在领导理论的研究中，不论是"领"的层面还是"导"的维度，其本质核心均在于人的行动与实践。故而，深入探究领导理论，我们必须将领导逻辑的根本归结为领导的"人格"特质，即聚焦于领导者的全面分析与研究。

一、古代人格标准

孔子曾言，人可划分为五个层次，即庸人、士人、君子、贤人、圣人。

（一）庸人

庸人，通常指的是那些目光短浅、无所作为却善于归咎于外因的人。此类人往往缺乏明确的道德底线：做人不诚实，易于因小利而舍弃大义；对于人事物，不论其严肃与否，皆能随口妄言；遇事缺乏主见，随波逐流，甚至可能添油加醋，四处散播不实之言。此类行为，不一而足。

（二）士人

士人，是对中国古代知识分子的总体称谓。士人具备深厚学识，秉持坚定信念、恪守原则底线。虽其学识未必能穷尽自然与人文科学的真谛，然于事物与人皆持有明确观点与主张。士人行事虽不求尽善尽美，却怀揣尽善尽美的愿景，尤其在所好之处，必有令人称道的表现。

士人或非广求知识的广博，但凡心有所求，必倾注心血，甚至穷毕生之力以求彻悟。士人或不刻意追求言辞的犀利，却力求言之有物、言之中肯。士人向往自我解放，不为世俗所羁绊；然一旦下定决心，必力求善始善终。士人追求自我价值的实现，然常视仕途为非其所愿，且与官场风气难以相融。此乃士人——古代知识分子的思想与行事风范；一方面学识渊博、信念坚定，言语追求高雅；另一方面，其原则底线又与世俗社会的规则不尽相符，行事常游移于儒、法、黄老等诸家思想之间。士人虽秉持富贵无增益的理念，然又难以割舍尘世的情愫；安贫乐道虽为其宣言，然在现实生活中又常怀怨愤之情。此即士人的矛盾人格特征。历史上，魏晋南北朝时期的"竹林七贤"堪称士人典范。

（三）君子

君子，是士人中的卓越者。其最为显著的特质，莫过于诚实守信、言行一致，洞察世态人情，内心少有怨愤。君子坚守仁义之道，内敛而不张扬，虽富贵而不炫耀，学识渊博却保持谦逊之态。其智慧豁达，善于倾听他人之声，遇事审慎，不轻易下结论。

君子言行相符，不为世俗所动摇，亦不随波逐流。即便面临困境，亦能坚守初心，自强不息，始终不渝地追求远大理想。相较于芸芸众生，君子虽无特别显赫，其品质与修养却是众人难以企及的高度。

荀子有云：君子虽不能使人皆敬之，然必能自贵其身；君子虽不能使人皆信之，然必能守信于己；众人虽皆识君子之贵，然君子未必皆得用。因此，君子处世，以"三耻"修己，以"三安"待人：耻于不修己身，安于蒙受不白之冤；耻于不重信义，安于受人之疑；耻于不学无术，安于处静守闲。同时，君子不为名利所诱，不为逸谤所忿，始终秉持自然率性的本真，常以君子之道砥砺自勉。

（四）贤人

贤人因品德高尚，堪为社会之楷模；因行为有矩，宜为社会所效法。故而，贤人之品德修为、言行举止，广为社会所尊崇。贤人自律甚笃，即便其言论常为天下所奉为准绳，亦能不为所动。其品德修为足以教化百姓，然自身修为亦常持不懈。虽追求富有天下，然贤人乐善好施，视财富为外物。他们心怀天下，忧民所忧，以解民众疾苦为己任，展现出高度的社会责任和担当精神。

（五）圣人

圣人者，其品德修为之深、知识修养之广、思想意识之高及洞悉能力之强，几与自然运动规律融为一体。圣人洞察世间百态，已达至通达之境，对宇宙万物之起源与终结，已是大彻大悟。圣人能与万物自然和谐共处，达到物我两忘、物我两融之境界。虽其道行天下，然其本人泰然处之，甚至表现出"事不关己"之超脱之态。众生虽奉其思想为神明、品德为楷模，然窥其全貌，亦难得其一鳞半爪。

根据领导理论的要求以及孔子对于人格层次的划分，我们可以明确领导者的人格定位应当介于士人、君子与贤人之间。在我国古代社会结构中，除了极少数能够被誉为君子、贤人的杰出人士外，绝大多数的知识分子均归属于士人阶层。由此可见，士人在当时的社会精英阶层中占据着广泛的代表性地位。鉴于此，我们有必要对士人的人格特质进行深入剖析，并将其与现代社会对领导人的人格特质要求进行对比研究。在此过程中，我们应以君子、贤人的人格特质作为追求的目标，以期能够得出更为中肯、符合时代要求的结论。

士人的人格特质主要表现为：丰富的知识储备、坚定的信念、恪守的原则以及明确的底线意识。这些特质与现代社会对领导者的人格要求高度契合。因此，在现代社会生活的各个领域，无论是经济、学术还是政治领域，领导人格的构建应当以士人人格为基础，以君子人格为标杆，以贤人人格为最终归宿。在此人格设置框架下，我们需要剔除那些与时代要求相悖或带有消极负面影响的士人人格特质，从而构建出符合现代社会要求的领导人格一般标准。这一标准基本能够反映现代社会对领导人的期望。

鉴于领导者在社会中的特殊地位和作用，我们在追求君子人格的过程中，还需注意避免"不争""孤芳自赏"以及"清浊自知"等特质，以确保领导人格的构建更加符合社会的实际需求。同时，我们应以贤人人格作为领导人格的最高追求或依归，以不断提升领导者的素质和能力水平。

二、现代人格标准

（一）普通人的人格标准

在讨论领导人格的要求或标准时，首先需要深入剖析普通人人格的要求与标准，以便形成有效的对比和鉴别。现代社会中，普通人的人格特质与孔夫子所描述的庸人人格有许多共通之处，但更多地体现了世俗化的特点。具体来说，普通人的人格特质主要包括以下几个方面。

第一，在法律层面，守法是每个公民的基本义务。然而，普通人在遵守法律时，往往采取"法无禁止即可为"的态度，尽量在法律的边界内行事。虽然他们不会主动对抗法治程序，但有时也可能存在"大法不犯，小法不断"的倾向。

第二，在道德层面，普通人基本能够遵守公序良俗的要求。然而，由于人性中的弱点，他们可能会在无意识中触碰到公序良俗的底线，从而做出一些令人不悦的行为或说出一些不当之言。尽管如此，他们通常能够守住不触碰"恶"的底线的原则。

第三，在知识层面，普通人虽非不学无术，但他们在各个领域的知识往往只停留在表面，缺乏深入的了解和探究。因此，在面对各种话题时，他们往往容易人云亦云，缺乏独立思考和判断能力。

第四，在能力方面，普通人的能力主要表现在居家过日子或特定工作领域内的技能上。这与我们在工作考核，特别是干部考核中所强调的"德、能、勤、绩"中的能力要求存在较大差异。因此，普通人在工作中往往以守成为主，缺乏开拓创新的精神和能力。

第五，在勤奋方面，普通人在生活和工作中往往遵循按部就班的社会基本节奏，缺乏持续努力和勤奋的自觉。当然，在某些外界条件的刺激下，他们偶尔也会表现出奋发向上的精神面貌。

（二）领导的人格塑造

1. 领导人格一般标准

领导人格一般标准，又称为领导人格基本准则，是指个体在组织中担纲特定或基础领导职务，作为领导关系逻辑体系中不可或缺的一环所应具备的人格特质规范。关于领导人格一般标准，具体阐述如下。

（1）法纪人格。相较于普通人格，领导人格在享有"法无禁止即可为"的行动自由的同时，更应深刻理解和遵循"法无授权不可为"的严格约束。因此，在面临法无禁止的情境时，领导需深思熟虑、审慎行事，而在法无授权的范畴内，则必须严守界限，不得稍有逾越。在守法方面，领导人格对领导者的要求尤为严苛。领导者不仅要以身作则，严格自我约束，做到自身守法，还需积极发挥榜样作用，引导并督促他人共同守法。此外，领导人格在纪律方面的标准亦更为严苛：自律是领导者的基本素养和职业操守，他律则是领导者应尽的社会责任和义务。

（2）规则人格。在多数情况下，规则与规矩相辅相成，虽然不一定全部明文规定，却是组织运作中具备"公理"性质的重要程序要求。这一特性体现了领导人格相较于普通人格的特殊性。在组织结构的构建中，金字塔的底层成员必须严格服从既定规则，而位于金字塔顶端的领导者则拥有修订规则的权利。其余各层级人员则需严格遵循科层组织的运作规范。

（3）道德人格。在广大民众之中，道德即道德，无需过多辨析。然而，在领导者的道德人格层面，其内涵则显得更为复杂且深刻。简而言之，领导者的道德人格可大致归结为以下四种类型：

一是大德。在古代典籍中，关于大德的论述颇丰，其内涵广泛而深刻。诸如《诗·小雅·谷风》中所云："忘我大德，思我小怨。"此句揭示了大德在人际关系中的包容与宽广。《管子·立政》强调品德修为的重要性，指出大德是执掌国家大权的必备条件。《礼记·中庸》亦提出大德者应得相应之位的观点，凸显了大德在社会政治生活中的重要地位。至于《孟子·离娄上》所述："天下有道，小德役大德，小贤役大贤。"更是明确了品德高尚者在社会秩序中的重要地位。同时，大德亦与节相通，如《论语·子张》所言:"大德不逾闲,小德出入可也。"此句揭示了大德在行为规范中的引领作用。综上所述,大德主要涉及纲常伦理、组织国家大义等方面,即我们常说的信仰、政治站位等核心要素。

二是小德。小德作为与大德相对应的概念,主要关注日常生活作风的细微之处。它涵盖了待人接物、仪表仪容、礼节礼貌以及言谈举止等诸多方面。小德看似琐碎,却与普通群众的德行修养紧密相连,是构成社会风气的重要基石。对于领导人格而言,小德同样不可忽视。领导者应以身作则,成为"公序良俗"的引领者,通过自身的言行举止影响和带动周围的人。

三是公德。公德一词通常与公共道德、爱护公物等概念相联系。然而,在探讨领导人格的公德时,我们需要将其置于更广阔的背景下来审视。领导人格的公德不仅涉及个人与公共财物的关系,更关乎天下苍生与个人利益的平衡与取舍。在面对重大问题时,领导者需要秉持正确的态度和价值观,以天下苍生为重,以组织(集体)利益为先。

四是私德。私德作为与公德相对应的概念,主要涉及私人生活范畴的德行。它包括个人品德、行为修养、生活作风和习惯以及爱情、婚姻、家庭和邻里关系的处理等方面。在领导人格中,私德同样具有重要意义。领导者需要在处理个人事务时保持高尚的道德品质和行为规范,以树立良好的个人形象和信誉。同时,领导者还需正确处理"民为贵,社稷次之,君为轻"的关系问题,将个人利益服从国家和人民的利益。

(4)能力人格。领导能力对于领导人格的重要性不容忽视。领导者所需的能力多种多样,这些能力所遵循的原则共同构成了能力人格。在领导理论的研究中,我们尤其关注能力人格的需求与需求障碍。能力人格需求,即领导者在学习提升、战略规划、组织协调、管控执行等能力建设过程中所秉持的理念与追求。而需求障碍则指的是这些理念与领导者个人性格之间的差异和矛盾。鉴于领导者在知识和行动层面均具备显著优势,他们如何对待自己在知识积累、宏观把握、协调沟通、管控执行等方面的短板和不足,采取何种态度进行改进和完善,便构成了其能力人格的重要组成部分。从某种程度上讲,领导者的能力人格不仅关乎其个人的成长与发展,更决定着组织能够走多远、达到多高的境界。

2. 领导人格追求标准

（1）法纪人格。领导在追求法纪人格时，不应过分关注"法无禁止即可为"的自由与"法无授权不可为"的约束，而应更多地思考法律所禁止的事项以及如何科学授权以更好地促进社会和谐与发展。同样地，在纪律方面，领导应追求自律而不失人性本真，他律而不挫伤人们敢于创新、敢于担当的锐气。

（2）规则人格。领导在塑造规则人格时，应致力于实现组织运作的有序与高效，既要避免因过于固化而失去活力，又要防止因过分追求效率而忽视探索与创新。通过构建科学合理的规则体系，确保组织在稳定发展的同时，不断激发新的活力和创造力。

（3）道德人格。领导的道德人格可细分为大德、小德、公德和私德四个方面。大德强调以天下为己任，致力于教化世人、探索规律；小德则追求引领风尚的自由，体现放而不纵、开合随心的境界；公德要求胸怀天下、以公为先；私德则注重和谐自然、人情两全。领导应通过自身的道德修养和示范作用，引领团队形成良好的道德风尚。

（4）能力人格。领导在追求能力人格时，应致力于实现少"领"多"导"的境界，以"导"促"领"，不断提升自身的领导能力和自信心。通过公开场合的坦诚交流和私下里的自我激励，展现出对知识和能力的追求与渴望，从而激发团队成员的积极性和创造力，共同推动组织的发展与进步。

3. 领导人格最高标准

第一，从领导人格的最高标准审视，法纪与规则早已内化于心、外化于行。其条文与内涵、裁决与执行已如同日月星辰般自然运行，无需外力驱使。法纪与规则已然成为一道深刻的哲学命题，正如古人所言："世上本无法，法因无法，然后知非法法也。"若以老庄哲学的视角审视，人法地、地法天，乃是法纪与规则作为领导人格的一般标准；而天法道，则是领导人格所应追求的至高境界，亦即哲学的最高境界。

第二，就领导人格最高标准而言，道德人格之德已超越大小公私的界限，成为一种普遍的价值追求。道德人格与其他方面相融合，凝结为一种深邃的思想，升华为一种崇高的境界。其道德人格与日常行为已相互渗透、融为一体，成为一种独特的符号。

　　第三，就领导人格而言，能力标准已超越一般意义上的能力范畴，无需再拘泥于具体标准。因为领导人格最高标准的能力已臻至"春风化雨"境界。如果说领导人格追求的标准在于少"领"多"导"、以"导"为"领"，那么领导人格能力的最高标准则在于无"领"而"导"、化"导"成"领"。用老庄哲学表述，即无为而治、道法自然。

第二章　领导力的概念界定

第一节　领导与管理的关系

　　管理是一门博大精深的综合性艺术，涉及人类社会的诸多领域。从广义层面来看，管理不仅致力于保障社会活动的有序运转，更致力于通过科学手段和策略，推动社会持续发展和全面进步。这种管理形式通常由政府、非政府组织以及国际机构等多元主体共同承担，它们通过制定并实施规则、政策、法律等有力工具，精准调控社会活动的方向与节奏，从而实现社会整体的和谐稳定与发展繁荣。

　　狭义的管理聚焦于组织内部业务活动的有效实施。它要求管理者通过综合运用计划、组织、协调、控制和决策等科学方法，确保组织内部各项工作的有序、高效推进。这种管理形式在各类组织中，如企业、学校、医院等，发挥着举足轻重的作用，是组织运营不可或缺的核心环节。

　　领导作为管理中的核心职能之一，其核心在于通过科学引导和有效激励，引领团队稳步迈向既定目标。在团队运作中，领导者肩负着明确目标、激发团队潜能、协调解决各类问题，保障整体发展方向的正确性等多重职责。领导力的有效发挥，既依赖于领导者自身所具备的卓越能力与独特魅力，又要求领导者对团队成员有深入的了解，对组织目标有清晰的认识与把握。通过这一系列举措，确保团队能够在领导者的指引下，凝心聚力，共同开创更加美好的未来。

　　在现实工作环境中，我们不难发现，许多人常将领导与管理视为同一概念，误以为只有领导者才能执行管理职能。然而，从专业的角度来看，管理则是一个更为宽泛的范畴，领导仅为其中的一个重要环节。一个合格的管理者，除了具备出色的领导能力外，更需精通计划、组织、协调、控制以及决策等多项管理技能。唯此，方能在错综复杂的组织环境中游刃有余，推动工作向前发展，进而实现组织既定的各项目标。管理与领导的比较见图 2-1。

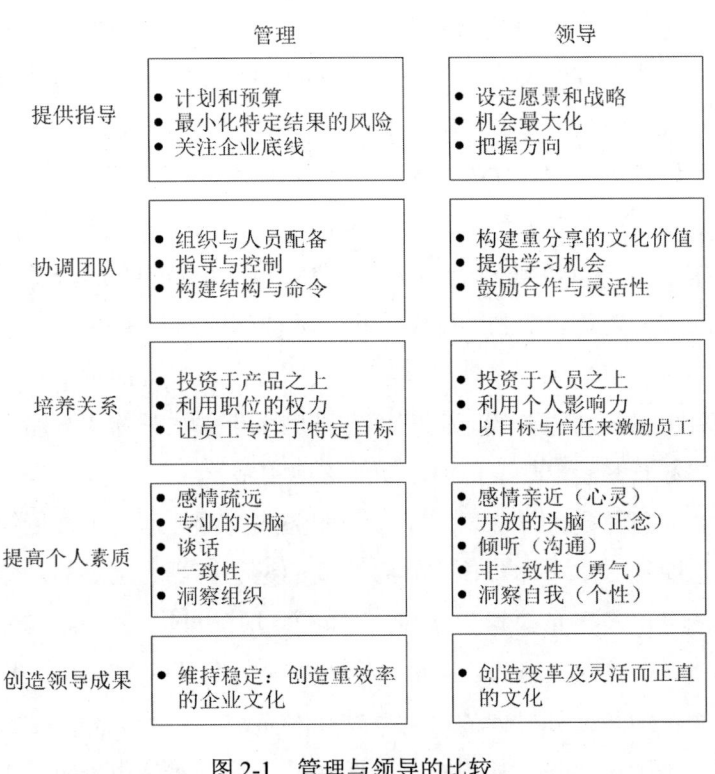

	管理	领导
提供指导	• 计划和预算 • 最小化特定结果的风险 • 关注企业底线	• 设定愿景和战略 • 机会最大化 • 把握方向
协调团队	• 组织与人员配备 • 指导与控制 • 构建结构与命令	• 构建重分享的文化价值 • 提供学习机会 • 鼓励合作与灵活性
培养关系	• 投资于产品之上 • 利用职位的权力 • 让员工专注于特定目标	• 投资于人员之上 • 利用个人影响力 • 以目标与信任来激励员工
提高个人素质	• 感情疏远 • 专业的头脑 • 谈话 • 一致性 • 洞察组织	• 感情亲近（心灵） • 开放的头脑（正念） • 倾听（沟通） • 非一致性（勇气） • 洞察自我（个性）
创造领导成果	• 维持稳定：创造重效率的企业文化	• 创造变革及灵活而正直的文化

图 2-1 管理与领导的比较

第二节 领导者与管理者的关系

在组织运营中，领导者和管理者各自承担着不可或缺的重要职责。尽管两者在某些层面存在交叉，但在职责划分、方法运用和影响范围上却存在本质差异。

首先，领导者的权威根植于深厚的影响力，而管理者则通过明确的责权界限行使权力。领导者的影响力往往源于其渊博的知识、丰富的经验、独特的人格魅力以及远见卓识。这种影响力使他们能够引导团队方向、激发团队成员的积极性，并推动整个团队向着共同目标迈进。相对而言，管理者则更多依赖职务赋予的权力，以确保组织运营的有序进行。

其次，领导者具备敏锐的洞察力和前瞻性思维，能够在充满不确定性的环境中作出预判。他们能够洞察未来趋势，制定战略方向，并引导团队沿着正确的道路前进。而管理者则更侧重于执行和遵循既定规则与流程，将战略转化为具体可行的战术安排，确保团队在日常工作中高效运作。

此外，领导者在团队中发挥着示范引领作用，通过自身的言行举止树立榜样，激发团队成员的士气和动力。他们以身作则，引领团队形成积极向上的工作氛围。而管理者则更多地扮演协调者和监督者的角色，负责监控团队的运作情况，协调各方资源，确保各项任务得以顺利完成。

在方向指引上，领导者肩负着明确整体方向与目标的重要职责，确保团队始终沿着正确的轨道前行。而管理者则侧重于关注具体执行路径与过程，保障各项任务能够紧扣既定目标，高效落地实施。

领导者的角色定位并非局限于某一职务或身份，而是那些能够激发团队成员自愿追随的杰出个体。他们具备高尚的道德情操、坚定的理想信念、卓越的综合能力以及无私的奉献精神。正是通过其个人魅力与影响力的展现，他们成功地吸引并激励着团队成员共同为实现组织目标而努力奋斗。

值得注意的是，领导者的成功并非孤军奋战。一个优秀的领导者背后往往离不开一个团结协作、共同奋进的团队。在这个团队中，领导者发挥着举足轻重的作用。他们必须具备勇于创新、敢于担当的精神品质，为团队树立榜样并指明前进方向。协同管理者则需坚决服从领导者的决策部署，有效执行各项任务指令，同时积极带动其他成员共同为组织目标的实现贡献力量。而追随者们则通过实际行动表达对领导者的支持与忠诚，共同推动组织向前发展。

尽管传统观念往往将领导者塑造为超凡脱俗、高高在上的形象，但实际上，高效领导者的必备品质与高效追随者的优秀素质是相互映衬、相辅相成的。优秀的领导者需要具备倾听、理解、尊重和信任团队成员的能力，以建立起良好的人际关系和团队协作氛围。而优秀的追随者则需要具备忠诚、积极、创新和执行的能力，以在领导者的引领下充分发挥自身潜能，为组织的发展贡献力量。

综上所述，领导者与管理者在组织运营中各自扮演着不可或缺的角色。深入理解两者之间的本质区别有助于我们更加清晰地认识他们在组织中的职责定位，进而为实现高效的组织运作提供有力支撑。

第三节　领导者与领导力的关系

领导力并非固有的天赋特质，而是经过系统学习与实践逐步磨砺提升的能力。人们往往错误地认为领导力仅为特定人群所独有，实则不然。每个人都有机会通过深入挖掘自身潜能与才华，以及积极与具备领导力的人士交流学习，逐步成长为引领团队的杰出领导者。

首先，必须明确，领导力的构成远非仅限于学历、资历、技术水准或业务能力等单一因素。尽管这些因素可能在某一阶段为个体获得领导职位提供助力，但它们绝非衡量领导能力的唯一标准，亦无法保证个体在领导岗位上胜任自如。一旦个体承担领导职责，其关注点便应超越个人能力的局限，转而聚焦于团队的整体发展，致力于激发团队成员的潜能，并引导他们共同迈向既定目标。

在履行领导职责的过程中，个体必须深刻认识到领导职务与工作的重要性。领导者不仅要关注个人的成长与进步，更应致力于培养团队成员的能力，推动团队整体向前发展。为实现这一目标，领导者需保持持续学习的态度，不断提升自我，努力提升领导力。

然而，若领导者忽视领导力的训练与培养，则可能陷入"彼得原理"所描述的困境。彼得原理揭示了一种普遍现象，即在组织中，由于习惯于对在某一层级表现优秀的员工进行晋升，往往导致员工被提拔至与其能力不相符的更高职位。这种现象在领导层尤为显著，许多领导者因在某一领域表现出色而被提升至领导岗位，却未必具备领导团队所需的全面技能与知识。为避免此类困境，领导者应主动寻求学习与成长的机会，不断提升领导力水平。

要有效培养领导力，个体首先需对领导力的基本概念和原则有深入的理解。领导力涵盖决策、沟通、协调、激励以及团队协作等多个方面。通过研读相关书籍、参加专业培训课程或向经验丰富的领导者请教，个体可逐步掌握这些关键技能，为日后的领导工作奠定坚实基础。

此外，个体须通过实践锤炼领导力。领导力作为一种高度实践性的能力，唯有在实践中不断摸索与反思，个体方能真正领悟其精髓。在实践过程中，个体应时刻关注团队成员的需求与期望，积极与他们沟通交流，深入了解他们所面临的困难和问题，并寻求切实可行的解决方案。同时，个体还需对自己的表现进行深刻反思，总结经验教训，以更好地应对未来可能出现的挑战。

最后，个体应保持持续学习与成长的姿态。领导力是一个不断演进与变化的过程，个体需不断汲取新知识、掌握新技能、培养新思维，以适应日益复杂多变的团队需求与环境变化。通过参与培训、行业会议，以及阅读相关书籍和文章等方式，个体可保持学习状态，不断提升自身领导力水平。

总之，领导力并非与生俱来的特质，而是一种可以通过后天培养与锻炼而获得的能力。只要个体善于发掘自身的领导潜能和管理才华，并加强领导力的训练与培养，便有望成为引领团队的佼佼者。同时，个体还需保持持续学习与成长的态度，以应对日新月异的环境变化和团队需求。唯有如此，个体方能真正胜任领导角色，带领团队走向成功的彼岸。

第三章　领导力解读

第一节　构建有影响力的领导力

为确保组织的持续发展并取得辉煌成就，我们务必坚守以下三个核心要素：首先，制定科学合理的战略规划，这一过程中需广泛吸纳全员智慧，领导者需全程把控，确保战略方向的正确性；其次，构建一支高素质的组织团队，确保战略得到有效贯彻，同时形成一套灵活高效的管理体系；最后，发挥目标明确、状态积极的领导力量，促进组织成员间的互信协作，共同迈向既定目标。

领导力作为支撑领导行为的关键要素，其核心在于上述三个方面的全面实践。通过对领导过程的深入剖析，我们不难发现，优秀的领导者必须具备前瞻力、引领力、实践力和影响力等核心能力。

一、前瞻力

前瞻力，即具备洞察常人所未见的未来趋势的能力，并据此为未来作出精准谋划。从本质层面剖析，前瞻力是领导特质能力的核心要素，其能高瞻远瞩、预见未来走向并精准把握发展机遇。前瞻力的构成，涵盖视野、战略、设计思维与价值预判四大维度。

（一）视野

视野不仅局限于个体目力所及之范围，更涵盖了其思想深度与知识广度的边界。一个具备前瞻力的人，必须立志高远、行稳致远，尤其不能因个人视野的狭隘而束缚团队成员的成长与发展。

（二）战略

战略，是一系列综合协调的约定与行动，旨在开发核心竞争力、赢取竞争优势。一旦选定某种战略，组织即在诸多竞争方式中择定其一。由此观之，战略的选择，实则昭示了组织的行动意向与取舍之道。个人战略决策亦然，领导者需具备战略定力，秉持"观十年、谋一年"的长远视野，方能引领组织迈向竞争优势的巅峰。此外，领导者亦应深知，竞争优势的存在非恒久不变。竞争对手在价值创造战略上的追赶速度，将直接影响自身竞争优势的持久性。

（三）设计思维

设计思维作为一种以人为本的创新方法论，旨在解决复杂问题。它依托设计者或领导者深厚的洞察力和独特方法，巧妙地将技术可行性、商业策略与用户实际需求相契合，进而将潜在价值转化为切实的客户价值和市场机遇。作为一种独特的思维方式，设计思维展现出卓越的综合处理能力，能够深刻洞悉问题产生的复杂背景，激发深刻的洞察力和创新的解决方案，并通过理性分析，精准找到最为适宜的应对策略。这种能力，往往成为领导者所必备的核心素质。

（四）价值预判

价值预判在领导者的前瞻能力中占据着举足轻重的地位。这一预判是对价值的深刻剖析与审视，旨在明晰某一主体对特定客体的价值所在、价值类型以及价值大小。简而言之，它是对各类社会现象和问题所进行的好坏评判或应否抉择。鉴于此类预判紧密关联于个体的价值观念，因此称之为价值预判。为确保价值预判的科学性与准确性，领导者需具备正确的价值观、世界观与大局观，并善于运用辩证思维解决复杂问题。

前瞻力的形成，主要受到以下因素的深刻影响：首先是领导者和领导团队所秉持的领导理念；其次是组织利益相关者的期望与诉求；再者是组织所具备的核心能力；此外，还需考虑组织所在行业的发展规律；最后，组织所处的宏观环境的发展趋势亦不容忽视。

领导者的前瞻力，如同围棋高手在棋局中深思熟虑，算出他人难以洞察的目数，洞察他人难以发现的棋眼。在培训领域，有专家指出，培养前瞻力的关键在于具备预测思维。这种思维的主要作用体现在多个方面：一是提升预测能力，使组织能够紧跟时代步伐，适应形势发展的需求；二是强化创新意识，帮助组织解决发展中的难题，有效应对市场竞争的挑战；三是促进科学化的决策制定，做好变革预案，优化流程再造，从而推动组织的持续健康发展。

二、引领力

引领力主要由商业道德、社会责任、社会贡献及可持续能力所构成。

商业道德与社会责任是领导者在商业实践中所秉持的重要原则，旨在建立经济效益与社会正义、人道关怀相统一的理想秩序。这种秩序的构建，不仅能够推动经济的良性循环和持续增长，更能发挥商业在激励个人需求满足、能力发展及自我完善方面的积极作用，进而将商业活动有机融入社会整体协调发展的宏大体系之中。例如，在制订商业计划时，需紧密围绕人民群众的实际需求，充分尊重市场规律；在产品研发与市场推广过程中，必须坚持诚信原则，确保产品质量的可靠性，赢得消费者的信赖与支持；在构建用人制度和对外公关策略时，需遵循人才发展规律和社会需求，打造公正、透明、高效的岗位制度，树立企业良好的社会形象。

社会贡献与可持续发展能力作为领导力的重要组成部分，对于提升国家整体竞争力具有重要意义。中国作为一个具有全球影响力的负责任大国，积极推进"一带一路"倡议，致力于构建人类命运共同体，充分展现了其在国际事务中的引领作用和担当精神。这些举措不仅有助于促进沿线国家的经济发展与民生改善，更有助于推动全球治理体系的完善与变革，为构建更加公正合理的国际秩序贡献了中国智慧和中国方案。

三、实践力

实践力主要由授权与激励、团队协作、沟通能力等要素构成，是领导力构成维度中极具实操性的关键环节。这些要素与管理者的能力维度高度契合，共同构成领导力的核心。

在组织运作中，授权具有举足轻重的地位。它是以人为本的管理方式，通过赋予部属人员完成特定工作所必需的权力，实现工作的高效推进。领导者在授权过程中，需明确权力与责任的界限，确保权力下放的同时，不可推卸完成工作的必要责任。这是授权的绝对原则，也是确保组织稳健运行的重要保障。

同时，激励作为人力资源管理的重要内容，对于调动员工积极性、激发创造力具有重要意义。领导者应致力于营造鼓励创新、倡导自由探索的工作环境，构建思想活跃、氛围宽松的组织文化。通过建立科学的评价和激励机制，重奖重用有突出贡献的创新者，激发员工的创新热情和创造活力。此外，强化竞争机制、明确创新目标、推动学习型组织建设等措施，也是提升激励效果的有效途径。

团队协作能力与领导者沟通能力紧密相连。良好的沟通是组织成功的关键所在，也是领导力的重要体现。领导者应具备有效表达、倾听、反馈等沟通技能，通过组织沟通、下达指令、绩效评估等方式，促进团队成员之间的协作与配合。此外，跨文化沟通和危机处理能力也是现代领导者必备的素质，有助于应对复杂多变的国际环境和突发事件。

四、影响力

领导者的影响力主要包括权力性影响力和非权力性影响力两大要素。权力性影响力，亦称强制性影响力，其根源主要基于法律赋予、职位赋予、习惯形成以及武力保障等。然而，在这种作用机制下，权力性影响力对于个体心理和行为的激励作用相对有限。

与之相对，非权力性影响力则主要源自领导者个人的人格魅力，以及领导者与被领导者之间形成的相互感召和信赖关系。这种影响力更侧重于通过领导者个人的品德、能力、知识等方面的优势，来激发被领导者的内在动力，从而达成共同的目标。

领导者的影响力是前瞻力、引领力和实践力得以有效转化为现实成果的关键所在。在影响组织成员的过程中，领导者的关键作用在于引导，即以积极主动的态度和方式对被领导者施加影响。这一过程的具体表现主要包括：

一是领导者需深入洞察并准确把握被领导者的需求和动机，以便更好地调动其积极性和创造力；

二是领导者应与被领导者建立各种正式与非正式的关系，以增进彼此的了解和信任，为有效合作奠定坚实基础；

三是领导者需妥善平衡各种利益相关者的利益诉求，特别是要关注并保障被领导者的利益，以维护组织的和谐稳定；

四是领导者应优化与被领导者的沟通方式，提升沟通效果，确保信息的准确传递和有效理解；

五是领导者应充分发挥自身拥有的各种权力资源，以实现对被领导者的有效影响。

第二节　成为有影响力的领导者

有影响力的领导者，作为组织中的楷模，必须能够塑造出团结一心的团队。一旦他们许下"要换位思考管理者角色，勇于俯首学习"的诺言，便应笃行实践，确保言行高度一致。同时，他们还需具备优秀的抗压能力、勇于担责的魄力、自我审视的谦逊以及坚守信念的定力。

一、领导者应言行一致

领导者在晋升至高层管理职位后，若想取得卓越的成就，必须深入自我认知，深刻理解所担任角色所赋予的权力内涵。在此基础上，需制定更为审慎的授权计划，并赋予下属更多的职权，以促进组织的整体效能提升。此外，领导者还需明确自身的行为所传递出的信息，确保言行一致，为组织树立正面榜样。

值得注意的是，领导者本身作为强有力的典范，其选拔和提拔重要职位人员的决策，同样向组织传达出深刻的信号。这些决策应体现领导者真正信仰的价值观念，以树立组织的正确导向。若领导者提拔的人员与其宣扬的愿景和关键任务背道而驰，不仅会误导员工，还会形成负面典范，损害组织的健康发展。因此，领导者在选拔人才时，必须严格把关，确保所提拔的人员能够符合组织的价值观和发展需求，从而共同推动组织不断向前发展。

二、领导者应学会压力管理

在职业生涯中，自我管理作为必备的特质，显得尤为重要。尤其对于领导者而言，这些特质更是不可或缺的。领导者作为员工的榜样和观察对象，其一言一行都会对员工产生深远影响。

在面临特殊困难和巨大压力时，员工往往会像老鹰盯着猎物一样，密切关注领导者的行为举止。每个人的压力来源不尽相同，如他人的突然离职、敷衍的态度、责任推诿、升职无望、资金损失、解雇或被解雇、正面冲突、自我怀疑以及工作超负荷等。为有效缓解这些压力，我们可以采取一些简单实用的行动。如减少咖啡因摄入、保证充足的睡眠、定期锻炼或练习冥想等。同时，在应对眼前压力时，我们也要学会给自己留出休息的时间，合理安排行程，确保有足够的放松时间。此外，我们还可以组建一个由组织内外友人组成的支援团，共同应对挑战。在财务管理方面，我们应注重储蓄，避免陷入经济困境。同时，积极参与公益活动或其他感兴趣的活动，也有助于缓解压力，提升生活质量。

三、领导者应承担责任

领导者若回避正视错误或妥善处理问题，将产生极其负面的影响。一旦领导者拒绝承担责任、试图逃避责任或将责任转嫁他人，问题将愈发严重，甚至可能导致事态失控。此举将给整个团队带来沉重的心理负担，严重影响团队成员之间的凝聚力和向心力，进而阻碍团队形成合力，共同应对挑战和困难。因此，作为领导者，必须勇于承担对自己及下属行为的责任，始终保持清醒的头脑和坚定的立场，以正确的态度和行动树立榜样，推动团队健康、稳定、有序地发展。

四、领导者应自我评估

领导者应持续对自身能力进行深度评估，精准把握自身长处与短板。在日常工作中，可时常自我反思以下问题：你是否真正认清了自己的优势与不足？能否将个人的优势与劣势一一列出，形成清晰的自我认知？对于尚处于成长阶段的专业人才，你是否拥有其他同事或资深同事作为教练，协助你共同完成这一自我剖析的过程？对于已经身为资深领导者的你，是否培养了一批新晋员工兼任教练，协助你解答这些问题？你又采取了哪些切实有效的措施，以克服自身弱点，充分发挥独特优势？对自身优缺点的把握，是一项需要不断深化的学习与实践过程。

五、领导者应保持信念

不同层级的领导者在岗位上的潜能未能得到充分发挥，并非源于其自信之不足，而实则是源于对组织缺乏坚定的信任。换言之，他们深感疑虑，对于组织能否对其付出给予相应回报持怀疑态度。这种心态往往导致工作进度拖延，个人成长受阻，最终削弱其对组织的贡献力度。

领导者在决策行动时，往往基于对未来可能获得的回报进行权衡。他们在采取行动前，心中常怀有诸多疑虑：此举是否能获得他人的赞赏？是否有望获得薪资的提升？是否有助于职位的晋升？在关键人物眼中，此举是否足够体面？正是这些疑虑，使得他们难以跳出"个人利益为先"的思维定式，难以无私地为他人和组织付出。因此，领导者要树立正确的价值观，增强对组织的信任感，使他们能够全心全意地投入到工作中，为组织的繁荣发展贡献自己的力量。

路徑篇

领导力的根基在于深刻的认知，这包括了对自我的认知、对他人的认知以及对组织的认知。

　　如果领导者在自我认知上存在不足或片面，则难以全面展现其才华与潜能；

　　如果领导者在认知他人时模糊不清或片面偏颇，则可能失去那些衷心追随的支持者；

　　如果领导者对组织认知不够精准或片面，则必将难以在适当的领域施展才干。

　　领导者应当积极寻求正式或非正式的途径，以获取他人的反馈与建议。通过这一过程，领导者能够更清晰地认识到自身的盲点与不足，进而产生强烈的紧迫感，激发持续学习的动力。

　　通过学习，领导者能够不断提升自我认知、深化对他人和组织的理解，从而实现领导力的全面养成与提升。

第四章　领导力养成从管理自己开始

受外部环境的制约，人可能会面临多个生活重心的转变，如有时以朋友为核心，有时则转向配偶，再或者以工作为重。这种生活中心的频繁转换，无疑会导致我们在情感上的波动和不稳定，进而难以形成稳固的人生航向。在这种状态下，我们往往缺乏持久而深刻的智慧积累，也缺乏稳定而强大的精神支撑。

若回归至觉察之态，便会洞见，我们自身实为一个微观系统，同时又系更为宏大的系统之组成部分。这一宏观系统处于持续的演变与发展之中，既要维持动态平衡，又需遵循内在序位，确保各部分间相互连接、彼此尊重。

为确保自身与宏观系统的运行原则相契合，我们需时常回归至觉察之境。在觉察状态下，我们的内心将趋于安稳与平和，进而更易于与宏观系统的运作规律相协调。"心即理"也，内心的良知即天然法则，能够引导我们的工作与生活步入安定有序、智慧充盈的境地。有人称之为天理、规律、道或原则，皆指此理。

美国著名管理学大师史蒂芬·柯维在其经典著作《高效能人士的七个习惯》中，深刻阐述了"以原则为中心"的重要理念。他明确指出，那些以原则为行动指南的人，在审视和处理生活中的各个方面时，均会秉持这一核心理念（参见图4-1）。

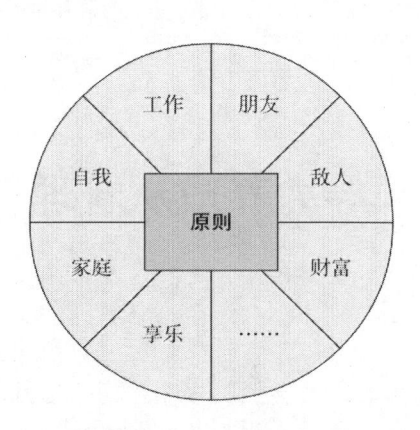

图 4-1 以原则为中心

（1）自我。自我是众多独特、才华横溢且富有创造力的个体中的一员，这些个体既保持独立自主又相互依赖协同工作，共同书写着辉煌的成就。

（2）工作。工作不仅是展现个人才华与能力的重要舞台，更是实现个人价值的有效途径。它为人们提供了获取经济资源的平台，需要人们以高效有序的方式投入时间和精力。在追求工作成效的同时，也应确保工作与生活的平衡，使工作与个人的要务和价值观相契合，实现全面而和谐的发展。

（3）配偶。配偶是互利互赖关系的平等伙伴，是共筑和谐家庭的基石。

（4）家庭。家庭不仅是亲密的伴侣，更是奉献与贡献的广阔舞台，是成就个人价值的宝贵机遇；同时，家庭也是塑造后代行为模式、推动家族进步与革新的重要力量。

（5）金钱。资金是实现各项重要任务与目标所不可或缺的资源。

（6）财富。财富作为可供我们利用的宝贵资源，是我们得以顺利发展的坚实基础，但与人相比，财富的地位是次要的。

（7）享乐。享乐作为生活方式的重要组成部分，源于目标明确的生活中几乎所有活动所产生的乐趣。真正的享乐应当是平衡而全面的，它不仅能够满足人们的物质需求，更能够滋养人们的精神世界，促进人的全面发展。

（8）朋友。朋友是相互扶持的良伴，也是心照不宣的知音。彼此间可坦诚相待，互诉衷肠，相互提供必要的支持与帮助。

（9）敌人。不应视任何人为真正意义上的敌人，而应当认识到，人们之间存在的差异主要源于思维定式和考虑事项的不同。对此，应保持理解和关心的态度，以推动和谐共处。

（10）原则。原则是亘古不变的自然法则，任何对其的违背都将受到应有的惩处。唯有恪守原则，方能维护尊严，进而实现真正的成长与幸福。

在面临选择时，那些拥有多元化生活重心的人士可能会与以原则为核心的人士作出相似的抉择。然而，以原则为导向的决策展现出一系列独特的特点：它是一种积极的、基于整体原则考量得出的最优方案，体现了有意识且明智的决策智慧；它是高效的选择，因为它立足于长远的视角，结果具有可预见性；它能够提升个体价值，顺应更广泛的系统规律，从而有助于全面提升生活品质和意义。

一旦确立了稳固的原则中心，那么在构建愿景、设定目标、制定计划的过程中，将拥有明确的指向、坚实的基石、持久的动力以及科学的衡量尺度。

第一节　理想

一、建立愿景——最想要的是什么

愿景，即心中所憧憬的那幅宏伟蓝图，是个人或组织所向往的前进方向与目标所在。一旦这一愿景足够坚定且璀璨，便能如明灯般照亮我们前行的道路，更可自然而然地激发并增强我们的内在力量。

关于如何梳理并确立愿景，图 4-2 提供一些可供参考的方略：

给自己一段安静的时间，在这段时间里，谢绝可能的干扰，真正与自己在一起，看着我们内心中的那幅画面。

深呼吸，放松，让自己的心放轻松。

再做一次深呼吸，花一点时间去享受这个阶段。

❖在思考自己的愿景时，我最先想到的是什么？
❖我希望从愿景中得到什么？
❖关于愿景，我的内心还想向我透露什么？
❖我到底想要什么？
❖这是否符合更大的系统的原则？
❖10 年后，假如我实现了自己的目标，那时会是什么样子的？
❖我会看到什么？听到什么？感觉到什么？
❖20 年后，如果我功成名就，那时会是什么样的？
❖很多年后，当我白发苍苍，躺在摇椅上，自信、自豪地回顾一生，觉得自己活得非常精彩，了无遗憾，那是因为我做了什么？
❖多年后，当我成为梦想里的那种人，那会是什么样的形象？
❖我拥有什么样的物质财富？
❖我理想的家庭环境是什么样的？
❖我在身体健康方面是什么样的？
❖我愿意与其他人保持什么样的关系？
❖我理想的职业和工作环境是什么？我希望在工作中能产生什么样的影响？
❖在个人学习、旅行、阅读或其他活动领域中，我希望是什么样的？我对社会有什么样的贡献？
❖在我生命中的其他方面，我还想创造些什么？
❖我想拥有一个独特的目标，通过我的行动、我与社会的互动，如果我实现了这个目标，那是什么样的人生目标？

图 4-2　梳理并确立愿景的方法

要深刻体验和感悟内心所描绘的画卷，将愿景中的核心要素逐一记录，并深入反思："倘若此刻我便能达成此愿，我是否会欣然接受？"

在此过程中，愿景的某些部分或许会经受不住此番考验；有些部分或许会在附加条件后勉强通过："诚然，我渴望实现它，但前提是……"；而另有一部分则能顺利经受考验，并在这一过程中愈发清晰明了。

假设此刻我已然实现了这一愿望，那么它将为我带来何种益处？

此问题引领我们深入探索愿景中更为丰富的画面，使我们更加清晰地洞察愿景背后潜在的深刻内涵。例如，你或许会写下：

❖ 我想要一辆跑车——为什么想要它呢？它会给你带来什么呢？
❖ 我要它，是为了自由的感觉——为什么你想要自由的感觉呢，自由的感觉能给你带来什么呢？
❖ 一种满足感和完美感——那又能带给你什么呢？
❖ 我没有其他想要的东西了，我就想有这种感觉——如果满足感和完美感对你确实重要，那么还有什么东西能带来这种感觉？
❖ 我也可以拥有健康的体格——为什么想要一副好的体格呢？那又能给你带来什么？
……

图 4-3　深入探索愿景的反思问题

所有提出的理由均须合情合理，且能够真实反映个体立场。此过程犹如逐层剥去洋葱的外皮，需深入剖析，探寻内心深处真正珍视的事物。每剥离一层，均应不断自问："若我拥有此物，是否真心接纳？其又能带给我何种益处？"

在探索过程中，我们或许会察觉，愿景中的众多内容实则汇聚于少数核心目标，即主要目标。每个人心中皆有其主要目标，有时这些目标深藏不露，难以觉察。然而，一旦明确识得，往往会让人心生激动，不禁自问："此目标又能如何助我前行？"此问题将温和而坚定地引导我们，投入时间精力，深入洞察"我内心深处最为渴望之物究竟是什么"。

在明确内心深处真正追求的目标之后，我们可以将其以图画的形式具象化。图画的具体形态并非关键，关键在于它是我们内心愿景的真实写照。或者，也可以选择寻找与内心愿景相契合的类似图片或卡片，作为外在的象征。

愿景逐渐清晰的过程，不仅使我们更加深刻地认识自我，更是走出重复性"无改变"状态的重要一步。它标志着我们开始摒弃旧有的行为模式，迈向全新可能性的起点。

二、澄清愿景——真的可以吗

在澄清愿景的过程中，可能会遭遇一些挑战与阻碍。例如，当我们深入思考愿景的相关内容时，内心或许会悄然浮现出一个微小的声音，它低语着"这似乎难以实现……"这一微弱的声音，实则可能揭示了我们内心最真实的感受，进而对我们的行为产生潜在影响。

若我们能够敏锐地捕捉到这些声音，那无疑是一种值得称赞的洞察。因为"我深知我所思所想"，所以，在必要时，或许需要暂时停下脚步，使自己回归至一种更加清醒的觉察状态，深入处理内心的情绪体验，并探寻其背后的深层含义。在这一过程中，我们可能会发现如下一些原因。

（一）现在已经很好了？

需要自我审视，确保当前的安逸状态与内心真正的追求是否相符。是否确实不存在任何需要改进之处？倘若继续维持现状，是否能够毫无遗憾地度过余生？若确实如此，则应如何对自己进行鞭策与激励？倘若发现二者并不一致，那么自己真正渴望的又是什么，它究竟是怎样的状态？这些问题都需严肃思考，以便更好地规划未来的人生道路。

（二）担心害怕失败？

由于过去存在失败的经历，个体可能产生畏惧心理，从而回避对过去的深入思考与反思。相较于直面过去失败所带来的沉重感受，迷茫的状态或许更能为个体提供暂时的心理安慰，因而个体可能倾向于避免再次体验失败的痛苦。

（三）不知怎么实现？

在面对即将到来的任务时，有时会感到力不从心，对于如何实现目标也缺乏清晰的行动方向，其中必然伴随着诸多挑战。确实，这种"迷茫"与"未知"的状态，正是此阶段所固有的特性。由于尚未掌握改变的方法，对可能出现的问题缺乏必要的准备，甚至可能遭遇来自周围环境的阻碍和干扰，这些因素无疑都增加了焦虑感，使我们陷入困惑之中，不知如何有效应对这些挑战。

然而，我们所面临的挑战可能只是表面现象，也可能确实存在。关键在于，是否愿意让希望之光照亮前行的道路，而非让绝望的阴影笼罩心灵？尽管目前尚不清楚具体的实现途径，但只要内心深处真正渴望实现目标，那么，真正的任务便在于如何积极探寻并创造出实现目标的可能性。

（四）我怎么可以？

关于资格感的缺失，需正视并深刻反思，当对自身的价值和重要性产生疑虑时，更应追本溯源，探究这一情绪最初产生的根源。那个最初的疑问，它是否真实反映了我们的实际情况？我们必须提醒自己，切勿轻视自身的价值与潜能，因为每个人都有权利也有能力去实现自己的理想和抱负。

（五）我能行吗？

在推动工作的进程中，需正视当前力量储备的不足，并认识到加强力量建设的重要性。在此过程中，必须深入剖析自身所需的核心能力和关键资源，以确保在面对挑战时能够应对自如。

若我们真正渴望实现设定的愿景，就必须积极探索如何有效整合各方资源、持续增强自身能力。只有这样，才能为愿景的实现提供有力支撑。

关于何时能够轻松达成目标，必须认识到这并非一蹴而就的事情，而是需要在长期努力中不断积累、逐步提升的结果。我们需要积极挖掘并激发内在潜能，不断增强自身实力，确保我们具备走向愿景所必需的全部能力。

（六）愿景想一想就可以了？

愿景构想的确立，乃是迈向愿景实现的首要步骤。然而，更为关键的是将这一构想切实转化为实际行动，确保每一项工作都紧密围绕愿景展开。必须做好充分准备，敏锐捕捉机遇，勇敢应对挑战，而这一切的前提均建立在拥有一个清晰明确的愿景之上。明确的方向是引领我们前行的灯塔，而这一方向的实现，则需要脚踏实地、一步一个脚印地扎实推进。

（七）不符合系统法则？

这个愿景是否既符合个人利益，又兼顾他人利益，乃至促进社会的整体发展，还是仅仅局限于一己之私，甚至只对特定群体有利？它是否遵循了既定的原则？若有所偏差，应如何调整以确保其合理性？如何确保愿景的设定与系统的运作法则相契合？

这些声音或感受本身并无绝对的好坏对错之分，它们仅仅是内心体验的一种反映。我们应当深入体验这些感受，与之进行真挚的对话，从而探寻内心的真实声音。通过这一过程，答案往往能够自然浮现。

三、明确使命——我想成为谁

倘若在生命的终点，我们完全达成了个人的理想与追求，设想自己的墓志铭，以此总结毕生的奋斗与奉献，需扪心自问："我究竟是何人？"在这样的思索之下，我们当认真梳理个人的使命宣言，明确自身定位与责任担当（如图4-4）。

- ❖ 对我的生活有积极影响的人是谁？我最欣赏这个人的什么品质？我从他那里学到了什么？
- ❖ 假如时间过去了很多年，我真的达成了自己希望的那些成就，我是怎么做到的？
- ❖ 为了实现这些成就，这3年对我来说最重要的事是什么？今年对我来说最重要的事是什么？
- ❖ 让自己放松一下，走开几分钟，回顾刚才写下的内容，如果要为自己制定一个使命宣言，我现在想到了什么？
- ❖ 写下使命宣言的初稿，在一周内可以随时去思考或者修改这个初稿，完成使命宣言，放在自己方便看到的地方。
- ❖ 每个月去检查和评估自己的使命宣言，现在我是否觉得这个宣言能代表最好的自己？回顾这个宣言的时候，我是否感到了有方向、目标、挑战和动力？我的生活是否遵循了宣言里的理想和价值观？

图4-4 明确使命的自省方法

请参照所给格式，严谨规范地完成个人的使命宣言（详见表4-1所示）。

表 4-1　使命宣言

写下我的使命宣言
我的使命是＿＿＿＿＿＿＿＿＿＿＿＿＿＿＿＿＿＿＿＿＿＿＿＿＿＿＿＿＿＿＿
为了完成我的使命，我会＿＿＿＿＿＿＿＿＿＿＿＿＿＿＿＿＿＿＿＿＿＿＿

撰写个人使命宣言，既是对个人价值观的明确表达，也是对未来发展路径的坚定选择。这一过程不仅要投入大量的时间和精力，更需要在诸多纷繁复杂的干扰因素中保持清醒头脑，作出符合自身使命的明智抉择。这是关乎个人成长与发展的重要决策，旨在明确自己为自身和他人所愿创造的价值与意义。通过制定个人使命宣言，坚定地迈向"成为"的目标，执着地践行"去做"的承诺，努力拥有那些对自己而言至关重要的事物。

四、清晰角色——到底是谁的事

在现实工作中，我们需通过扮演多元化的角色并承担相应的责任，以切实履行自身使命，逐步迈向愿景中的美好图景。因此，需深入思考以下问题：为达成既定使命，应优先扮演何种角色？在不同领域，不同角色应如何展现自身，方能达到最满意的成效？这些角色与我们的使命宣言之间存在何种紧密联系？

关于角色定位，可将其细分为多个层面进行阐述。在工作层面，可能扮演领导者、管理者、变革者、商人、教师、艺术家、发明家等多重身份；在个人层面，可能是丈夫、妻子、母亲、儿子、邻居、朋友等；而在社会层面，可能担任志愿者、调解者等角色。因此，应详细列出自身所扮演的各种角色，并尽量将角色数量控制在七个以内。若超出此范围，可将相关角色进行归类合并，并在每个角色旁注明期望达到的最佳状态（参见表 4-2），以确保我们的角色定位更加精准、高效。

表 4-2　扮演角色梳理

角色	最理想的业绩

在某些时刻，我们可能会产生一种错觉，仿佛自己始终在"为他人"而忙碌。譬如，领导者需悉心引领下属，下属则需尽心竭力达成公司的业绩指标，母亲则要精心筹备家人的午餐等。然而，我们真正是在为谁而工作呢？是单纯地为他人付出与牺牲，还是"为了践行我的使命，我主动选择扮演相应的角色并肩负起相应的职责"？

❖ 到底是谁的事？
❖ 这件事和自己是什么关系？
❖ 这件事对自己意味着什么？
❖ 自己真正想要的是什么？
❖ 自己的角色和职责是什么？
❖ 我该如何承担我的责任？

图 4-5　清晰角色的自省问题

在组织内部，尤其需要明确"个人目标"与"组织目标"的紧密联系。若对此关系缺乏清晰认识，则目标往往沦为空洞的"公司目标、团队目标、领导目标"，甚至可能出现与个人目标相悖的情况。一旦目标设定出现偏差，其执行效果自然可想而知，难以达到预期效果。

第二节　现实

理想固然美好，然而它仍如同初燃的火苗，在现实的狂风之下，随时可能熄灭。因此，当理想遭遇种种挑战时，应如何应对？

一、人生平衡轮失衡——理想责任一起扛

我们怀揣着崇高的理想，然而在实际生活中，也肩负着诸多责任。若一味以责任为重，理想便难以企及；而责任又如同无尽之河，若待责任尽后方去追寻理想，恐怕岁月蹉跎，终难实现。实现梦想的核心在于将理想与责任并举，即在做好"应为之事"的同时，也不忘"愿为之事"。无论迈出的第一步多么微小，都应勇敢地迈出，一旦踏上征程，便应持续不懈地前行。

若将人生视作一个平衡轮，我们将自身所扮演的角色与所追求的业绩标注其上。若对此平衡轮的现状进行评分，从0至10分，不难发现，许多人的现状往往呈现出一种失衡状态。要么是某些方面过于突出，导致其他方面相对薄弱；要么是整体分布不均，难以形成稳定的支撑。因此，需要不断调整和优化自身的角色与业绩分布，以实现更为平衡和全面的发展（参见图4-6）。

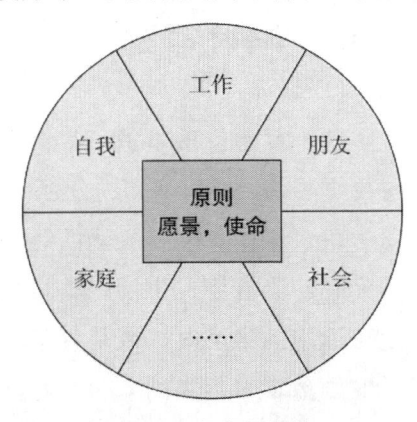

图4-6 人生平衡轮

若平衡轮的整体得分偏低，则亟待进行全面的发展与均衡调整；若存在某一或数个维度得分显著偏高，而其他维度则偏低，则须注重多维度的均衡；而若各维度得分均颇为可观，则足可称之为人生之佼佼者。

平衡轮的核心理念在于，当某一维度表现尤为出色时，务必确保其他维度至少达到及格线，唯有如此，方能确保各维度最终得分皆能有所提升，进而实现平衡轮的稳健与均衡，同时也将不断拓展个人的影响范围。

二、没精力——一小步先踏出去就好

当理想与责任并肩而行，即便迈出的第一步微不足道，我们亦应毅然决然地踏出。譬如，提升自我觉察能力，不妨从一分钟的专注练习开始；设定宏伟愿景，不妨从静心凝神的静坐开始；制定详细计划，不妨从展开一张白纸的瞬间开始；渴望阅读书籍，不妨从翻开书页的第一页开始；需要填写资料，不妨从填写一行一栏的细节开始。如此循序渐进，方能稳步前行。

在迎接具有挑战性的新事物时，应秉持"轻松入门"的原则，从最简单的事情着手，逐步降低门槛，而非一味追求尽善尽美。最为关键的是"付诸行动"，哪怕只是微小的进步，亦是值得肯定的。因为只要开始行动，便在大脑中构建起了新的神经元连接通道，尽管它们尚显稚嫩，但已迈出了坚实的步伐。

三、没时间——用好零碎时间

关于如何专注于"重要不紧急"的事务，我们深知，在现实中，要获取一段完整且专注的时间并非易事。然而，若过分强调这种理想化的时间条件，实则可能错失许多宝贵时机。因为，现实生活的纷繁复杂总会带来各种不可预测的干扰。然而，我们也应当看到，生活中其实处处蕴藏着"零碎时间"的宝贵资源。譬如，上班途中的半小时，或是等车时的五六分钟，这些看似微不足道的时间片段，实则蕴含着巨大的潜力。可以利用这些零碎时间，处理一些琐碎的事务，以小步快跑的方式不断前行。

此外，早晨那段头脑清醒且环境安静的整段时间，更是进行"重要不紧急"事务的绝佳时机。在这段时间里，可以静下心来，看书学习、思考规划，为自己的未来发展打下坚实的基础。

同时，应全面均衡地处理人生平衡轮的各个层面，不得因追求效率而牺牲必要的休息时间。要坚持早睡早起，保证充足的睡眠，以维持充沛的精力应对日常工作；应珍视与家人的相处时光，与亲友保持交流，共享温馨的家庭氛围，从中汲取前行的动力；在忙碌的工作之余，也需留出一定的社交时间，即便时间短暂，也应积极参与各类社交活动，如读书会或朋友聚会，以丰富生活、拓宽视野；此外，还应适时地为自己安排休闲时光，让身心得到充分放松和恢复；同时，良好的健康管理也是高效利用时间的前提。

时间价值最大化，并非仅仅是在有限的时间内尽可能多地完成工作任务，更在于提升每一分钟时间的内涵和价值。随着时间利用的品质和价值的不断提升，我们将能够逐步改变每一分钟的利用方式，进而改变一天、一年，甚至整个人生的走向。

四、一气呵成——一次只走一小步

许多人在执行任务时，往往秉持着一种"一以贯之"的坚定态度，力求将事情进行到底。然而，这种过分的坚持有时会演变成一种强迫性的行为，导致人们过分执着于完成目标，而忽视了其他重要事项。这种偏执的态度，使得他们难以从全局出发，对其他事务进行合理安排。然而，如果过分追求所谓的"一气呵成"，则往往会忽略了追求"理想"的重要性。因为理想的实现往往需要长期的努力和积累，而非一蹴而就。因此，需要实现从"长跑运动员"到"短跑健将"的思维转变，将任务分解为若干个阶段，逐一完成。

只要具备了"一段一段完成"的心理准备，就能够坦然接受每一次只前进一小步的现实。这样，不仅能够逐步积累成果，更能够在过程中学会寻找重新出发的机会，为未来的成功奠定坚实的基础。

五、没做到——多少有进步就好

在履行职责的过程中，我们时常期望全身心投入，制定明确的计划，如"今日务必完成某项任务"。然而，在执行过程中，常会遇到各种外部因素的干扰，导致不得不暂时中断既定的进程。比如，在周末的闲暇时光，原本计划静心阅读、深入学习，但孩子可能频繁前来打扰，使得学习过程变得支离破碎，难以一气呵成。面对这样的情况，应当认识到中途停顿是正常现象，无需过于苛责自己。相反，应该积极鼓励自己，即使只是读了两三页书，也是有所收获、有所进步的。即使受到干扰，也不应心生怨气、大发雷霆。如果确实需要暂时中断，就应当坦然接受，并耐心等待下一个合适时机，再全身心地投入到工作或学习中去。

因此，当我们在执行任务的过程中遇到其他事务的干扰时，不妨告诉自己："没关系，即便有所中断，我们仍然取得了进步。"只要保持这种积极的心态，并随时做好再次出发的准备，就一定能够不断前行、取得更大的成就。

六、有挫折——不放弃，如果那还是你想要的

在追求目标的征途中，我们不可避免地会遭遇形形色色的干扰与挑战，然而，能否持之以恒地坚持下去，其核心在于是否具备坚定的信念和不屈不挠的精神。

倘若因畏惧失败而裹足不前，那么不妨回首过往，审视那些曾经取得成功的时刻。彼时，我们是如何克服困难、实现目标的？通过回顾这些经历，可以汲取力量，勇敢迈出前行的步伐。

倘若我们的愿景依然根植于内心深处，且始终为之努力奋斗，那么在追求过程中偶尔的停歇也并非不可。此时，也可以适时地调整步伐，稍作休息，甚至尝试一些看似不相关的事物。这些经历同样具有价值，能够让我们更加全面地认识自己，为未来的征程储备更多能量。

七、事必躬亲——很多事情都可以授权

在处理事务时，不必事事亲力亲为，可适当将部分工作授权他人或寻求他人协助。在寻求他人帮助时，应摒弃"求人即添麻烦"的固有观念，克服情感上的障碍。他人的协助能让我们更专注于核心任务，从而提升工作效率与成果质量。人类天生具备乐于助人的特质，请人帮忙实际上是激发了对方的助人意愿，同时也是对对方能力的一种认可。

在授权他人时，需明确期望达成的目标，设定合理的评估标准，并告知可能遇到的困难与挑战。同时，提供必要的资源和支持，制定明确的业绩指标和评估时间，以及奖惩机制。这样，被授权者便能在明确的方向指导下，充分发挥自身潜能，取得良好的工作成果。

在工作场合，也可将部分任务授权给下属完成，这既是对他们能力的信任，也为其提供了成长和进步的机会。信任是激发人进步的关键因素，它能促使人展现出最佳状态。然而，信任的建立需要时间和耐心，有时还需辅以必要的培训和指导。

第三节 选择

一、目标优先顺序——对干扰说"不"

当明确了自身的长远愿景，确立了清晰的使命宣言，并深刻认识到自身所承担的角色和所要达成的目标，可以将这些核心要素置于平衡轮之上，并对平衡轮的现状进行全面评估与打分。在此基础上，有必要深入自我反思，提出以下问题："我期望本年度的人生平衡轮能够达到何种理想状态？我期望每个维度能够取得怎样的分数？"

对于平衡轮上各项现状的打分，应使用实线进行明确标注，如图 4-7 所示，实际现状的打分是 4 分。同时，应将理想的分数以虚线形式在平衡轮上标出，例如期待达到的分数是 7 分。以此类推，应逐一标出每个维度所期望达成的分数，以此作为我们努力的方向和目标。

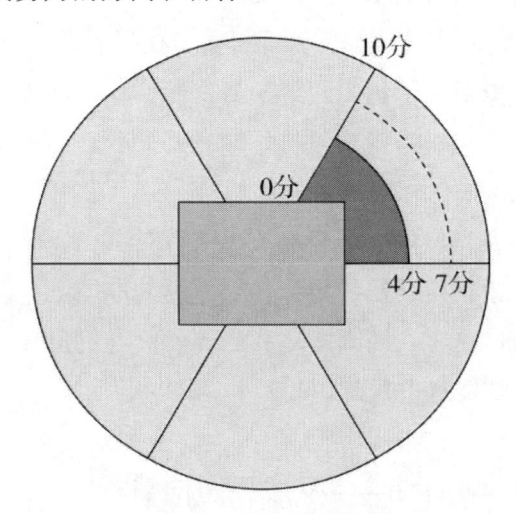

图 4-7 人生平衡轮打分

在绘制出上述信息后，应当深入剖析"现实分数"与"理想分数"之间的实际差距。通过审视这一人生平衡轮，不仅能够观察到自身期望达成的理想状态，也能认清当前所处的现实状况。这种对比使我们得以明晰理想与现实之间的鸿沟，进而引发深入的思考：我在此过程中观察到了哪些现象？这些现象又引发了我哪些思考？其中，哪些方面是我尤为渴望改变的？

在全面审视各项事务的基础上，有必要对它们进行优先级的排序。下文将以 A、B、C 的形式，对这些事项进行系统的优先级划分。

若我们缺乏足够的自律能力，无法精准把握工作重点，未能以坚定的原则为导向，或未能积极践行个人的使命宣言，往往会轻易受到外界因素的干扰，无论是他人的事务还是自身的情绪波动，甚至是一些休闲娱乐的诱惑，都可能使我们分心。此外，生活中也不乏许多看似必要但实则次要的事项，它们同样会分散注意力。因此，必须深入反思：在这些纷繁复杂的事项中，究竟哪些是我们真正应当关注的重点？我们的理想目标究竟是什么？为了在面对诱惑时能够坚定地说"不"，我们必须坚定信念，明确目标，始终保持清醒的头脑和坚定的意志。

顺应他人的意愿，忙于完成他人眼中的紧要事务（紧急而不重要），或是悠闲地投身于既非紧迫又非关键的活动（不紧急不重要），看似轻松自在，而坚守理性原则，执着追求自己设定的愿景与目标，却是对自我控制能力的深刻考验。那么，我们又该如何合理权衡与抉择呢？

衡量的核心依旧在于我们的愿景与目标。我们需要深入剖析，哪些行动能够助力愿景的实现？哪些事务与目标毫无关联？如果我们真正践行了自身的使命宣言，又该如何行动？

我们应当将目光聚焦于那些从长远来看对自己、对他人、对情境都更为有益的事务，紧紧锁定自己的目标，以原则为准绳进行衡量与判断。将生活建立在原则的基础之上，清晰阐述我们的目标与价值观，如此方能确保我们自身及身边的人都能从中受益。

二、计划 SMART——从成果走向目标

在充分评估并确定目标的优先度排序后，需针对每一项目标，制定详尽且切实可行的实施计划。

对于每一项目标，应明确其核心任务与关键环节，并在此基础上，精心

组织年度计划和月度计划。在编制年度计划表时，务必确保目标的优先排序得当，遵循 SMART 原则，即目标需具体、可衡量、可达成、相关性强且时限明确，同时需精确到具体的执行时间安排，以确保计划的落地实施与高效执行。其中，S 代表 Specific，即目标必须具体明确；M 代表 Measurable，即目标必须可衡量；A 代表 Attainable，即目标必须可实现；R 代表 Relevant，即目标必须与实际情况相关；T 代表 Time-bound，即目标必须具有时效性。

若计划存在模糊不清、无法衡量、不切实际、无法达成或无需努力即可实现、缺乏时间限制等问题，需要重新审视并调整，确保最终制定的计划既符合自身能力，又切实可行，同时清晰明确、具备明确的时间节点。

在制定目标和计划的过程中，应持续进行纠偏和反思，不断提醒自己关注自身的愿景、目标、使命宣言、角色定位及期望的最佳状态。只有高度重视目标，才能在不断达成结果的过程中逐步靠近目标，避免偏离原定的目标轨迹。

三、每周计划——确保要事在要事的位置上

为了确保目标计划得以有效实施，并确保所设定的要事得以持续确认为重要事项，我们需要采取切实可行的措施。其中，制定每周计划是一种行之有效的办法。

相较于年度计划和月度计划所设定的长期目标，每周计划的时间跨度更为短暂，因此更容易实现。同时，与每日计划相比，每周计划又具备更为宽广的背景和视角，能够让我们从宏观上把握工作重点和进度。因此，每周计划值得我们投入 20~30 分钟的时间进行精心制定（参见表 4-3）。

在制定计划时，请遵循以下严谨规范的步骤：

第一，明确角色定位。详细列出自身的核心角色，结合下一周的工作内容，精确记录所需专注的领域。例如，个体、配偶、父母、管理者、员工、项目负责人等多重身份均应纳入考量。

第二，编制事项清单。依据个人愿景与目标，深入思考未来一周内在各角色下期望达成的关键成果。首先罗列出重要事项，再围绕各主题逐一细化具体任务。

第三，进行计划排序。完成事项清单后，对所有列出的事项按照其重要性进行排序与编号，确保关键任务优先得到处理。

第四，合理安排时间。将每项任务合理分配至一周内的具体日期，并将当日重点任务置于每日计划的首位。此举有助于确保关注重点，同时保持足够的灵活性以应对突发状况。

第五，坚持每日调整。每日至少三次检查个人时间表，根据任务进展适时调整每日事项安排。如遇计划延误，需在当日清单上标记并作出相应调整，利用剩余时间或延至下周完成；若计划顺利执行，则予以肯定，以此激励自己不断进步。

表 4-3　周计划表

角色	事项	时间	周一	周二	周三	周四	周五	周六	周日
			本日要务							
			具体事项							

在面临众多待办事项却缺乏明确计划时，我们的思绪容易在这些任务间游走不定，难以保持内心的宁静与专注。对于尚未完成的任务，我们的脑海中总有一个声音在默默催促我们，直至任务完成，这种声音方会消散。这是潜意识在提醒我们，需要深思熟虑每一个细节。一旦我们制定出详尽周密的计划和安排，便能令自己心绪宁静下来。同时，在规划时间时，我们应预留出比预期稍多一些的时间，以赋予自己更多的灵活性和从容应对的余地。

四、时间管理"四象限"——聚焦重要不紧急的事

在缜密规划之后，需确保在执行过程中始终坚守核心任务，聚焦于重中之重。

关于事务重要性的界定，应基于所设定的目标来评估。这些目标源自愿景、使命和角色的层层细化，它们既符合系统性原则，又契合长远发展战略，从而引领我们坚定前行在正确的道路上。同时，时间管理的"四象限"理论亦提醒我们，应优先关注并处理"第二象限"内的事项（参见表4-4），以确保工作的高效推进与目标的顺利达成。

表4-4 时间管理"四象限"

	不紧急	紧急
重要	第一象限 危急事件 迫切问题 在限定时间必须完成的任务	第二象限 预防性的措施 建立关系 明确新的发展机会 制定计划和休闲
不重要	第三象限 接待访客，某些电话 某些信件，某些报告 某些回忆 迫切需要解决的事务 公共活动	第四象限 琐碎的日常事务 某些信件 某些电话 消磨时间的活动 令人愉快的活动

为了有效管理那些既重要又紧急的紧急任务，必须充分认识到关注"第二象限"事务的重要性，尤其要注重预防规划和抓住发展契机。同时，还需勇于拒绝那些属于第三象限和第四象限的非重要或非紧急事务。

在制定每周计划时，应着重关注"重要事项"，并为其分配充足且连续的时间段。若将有限时间用于处理琐碎事务，则难以保证重要工作的顺利完成。因此，应时常反思：当前最为关键的任务是什么？这项工作与我们设定的目标之间又存在何种关联？以此为标准来调整行程内容，知道要挤出时间"做什么"比怎么挤出时间更重要，否则好不容易能够挤出时间，却被用在做并不重要的事情上，无法提升时间整体价值。

第二象限的事务，往往蕴藏着丰富的创新潜能。以会议为例，若仅将其视作第三象限的日常活动，则难以凸显其深层价值。然而，当会议与我们的核心目标紧密相连，成为第二象限的关键环节时，便能对其进行有计划的深度探索与推进。会前，需详细规划议程，确保各方准备充分；会中，需精准把控节奏，提升会议效率；会后，则需及时总结成果，明确任务分工，设定完成时限，并持续跟进落实。此外，将任务执行情况纳入后续会议议程，有助于我们持续监控进度，确保目标达成。

在优先处理第二象限重要事务的过程中，通常会投入更多时间于授权管理、会议筹备以及沟通协调等方面。随着这些核心任务的稳步推进，那些紧急且琐碎的事务将逐渐减少，从而使时间管理更加高效有序。

第四节　行动

一、回归觉察——还有什么需要注意的

我们深知，领导者所承担的任务不仅关乎个人愿景与目标的实现，更是职责所在、使命所系。目前，我们已充分准备，决心付诸行动。在此阶段，为提升计划执行效率、确保行动流畅无阻，需适时调整心态，保持平和与冷静。具体而言，可通过深呼吸、短暂休息等方式，使大脑得以放松，回归清醒的觉察状态。

在此状态下，应深入反思：关于计划的实施，还有哪些细节尚未考虑周全？现阶段，我们究竟希望实现何种目标或学到何种知识？为确保顺利前行，哪些事项需特别留意？除此之外，还有哪些工作尚待完成？

应密切关注自己当下的想法与感受，因为内心深处往往蕴藏着无尽的智慧与启示。在觉察的状态下，我们将能够发现更多有益的思路与灵感，为任务的顺利完成提供有力支持。

二、具体行动——愿景使命一以贯之

即将愿景的宏伟蓝图，通过明确的使命宣言、角色定位及职责划分，切实贯彻至每一项行动中，并作为决策的根本依据。

譬如，在面临决策难题或发展挑战之际，可深入自省：倘若我们真正活出了愿景中描绘的那个自我，他将如何抉择？又或者，依循我所立下的使命宣言，应如何行动？再者，从所担当的角色与职责出发，又会有何不同之处？当面临选择或诱惑时，我们是否应为之所动？这又与我们的目标有何关联？此举是否有助于我们实现心中的愿景？是否合乎我们所承担的角色与职责？

在面临迷茫与怀疑之际，我们需深刻自省：究竟何为我内心真正的追求？同时，应构想当目标达成之时，将给周遭之人带来何种深远影响。

在日常生活的点滴细节中，若立志成为践行自身愿景与使命之人，则应审视自身：我们将如何行事？又将如何言谈？穿着打扮应如何体现个人品格？应与哪些志同道合之士交往？又应秉持何种思维方式以应对生活挑战？

明确这些方向后，应将这些原则切实融入日常工作与生活之中，以之为行动指南。通过不断实践，逐步从现实迈向理想的愿景，成就更加美好的自我。

三、面对冲突——身心一致，坚定前行

在行动的执行过程中，或许会遭遇一系列的矛盾与冲突，诸如优先事务之间的权衡取舍，以及众多外部诱惑与干扰的侵袭。这些因素往往会打乱原定的时间规划，使得我们在关键时刻犹豫不决，难以坚定前行，甚至无法找到合理有效的时间安排，进而难以完成对自身而言至关重要的任务。

以自我表达为例，我们固然能够清晰地认知自身的目标与价值观，但当面对他人可能受到伤害的情况时，往往会产生内心的挣扎与冲突。这种情形下，我们可能会选择沉默，以避免给他人带来不快或伤害。然而，"别人可能不高兴"这一顾虑往往成为我们前进道路上的桎梏，导致我们在某个领域停滞不前，进而可能影响到其他领域的发展，最终阻碍所有愿景的实现。

在此，最重要的环节依然是回归到内心的审视，留心体会自己的情感波动、思维活动和行为举止，深入剖析是什么在阻碍我们进步？我们是否具备将自身拉回到审视状态的能力？我们内心深处的真实感受是什么？又该如何妥善处理这些情感？这种感受是否似曾相识？我们应如何与之达成和解？我们真正的追求和向往是什么？多年之后，若我们达成了目标，那将会是怎样的景象？针对眼下的情况，我们又该如何采取行动？

一旦成功化解了内心的矛盾和冲突，外界的因素将不再成为我们的阻碍。在这个过程中，我们也会再次明确对愿景和使命的坚守，坚定实现目标的决心，身心合一地迈向前进的道路。这不仅意味着我们开启了一种全新的生活方式，也代表着我们培养了全新的独立能力，逐步摆脱各种冲突的束缚，不再受其干扰。

四、庆祝成功——感受和享受自己的满意

在计划完成的不同阶段，所取得的阶段性成果，应得到自身的充分认识和肯定；而最终达成的目标成果，同样需要得到自身的赞赏和嘉许。深入体验并享受这份自我满足，庆贺自己的成功，将对个人产生极大的鼓舞与激励。

至于为何大多数人仅在做出些许改变后便又重蹈覆辙，其主要原因在于许多人过度聚焦于过程中的挫折而非取得的成功。这种做法导致大脑容易陷入失败的思维定式，因害怕失败而畏缩不前。因此，我们每日都应反思自问：今日我何处做得出色？通过这样的自我审视，我们的大脑将感受到足够的安全感。只有在确信"我能够胜任，且我的努力将得到认可"的情况下，大脑才会愿意尝试并作出改变。此时，我们的大脑神经元也在逐步构建新的连接模式。

五、直面差距——检验愿景再出发

关于愿景与目标的深度审视与回顾，建议至少每年进行一次系统性的梳理。在此过程中，应秉持"嘉许前行之步，直面现实之难"的积极态度。对于存在的问题和遭遇的挫折，既要正视其存在，又应避免过分夸大其负面影响，保持冷静客观的分析态度。应清晰界定自身的愿景追求，并以此为导向，对照现实状况进行深入剖析。

请务必保持冷静与沉稳，通过深呼吸的方式调整心态，确保心境平和。随后，请对图 4-8 所示问题展开全面深入的反思。

❖自我形象。我目前的自我形象是什么？如果我想变成另一个样子，我的愿景会有什么改变？

❖物质财富。通过和愿景相比，我所拥有的资产的真实状况如何？我对于资产的愿景改变了吗？

❖家庭环境。我现在身居何处？我对于居住环境的愿景改变了吗？

❖身体健康。我的身体以及与身体相关的其他方面的近况如何？我对于健康的愿景改变了吗？

❖人际关系。我的婚姻关系和友谊状况如何？我对于各种关系的愿景有哪些改变？

❖职业和工作环境。我的职业和工作境况如何？我对于工作和有关职业的愿景改变了吗？

❖爱好追求。我的个人学习、旅游阅读和其他活动的现状是什么？我的愿景有哪些改变？

❖社区。我居住的地方属于哪种类型的社区？我对社区的愿景有哪些改变？

❖其他。我目前的状况还有其他哪些重要方面？我的愿景有哪些变化？

❖人生目标，就我的人生目标和内心深处的期望而言，我的现状如何？我的这些层面的愿景发生了哪些变化？

图 4-8　关于愿景和目标深度审视的问题

通过仔细对照个人的原始愿景与现实状况，需要自我提问：在此阶段，我的内心体验如何？哪些因素有助于我维持当前的良好状态？我又从中学习到了哪些新知识？有哪些是我以前未曾了解，但现在已经清晰认识的事物？我的潜意识还在提示我关注哪些重要领域？还有哪些深层次的启示等待我去发现？我又该如何将这些宝贵的收获有效应用到新的目标和行动计划中？

接下来，请进行一次深呼吸，让心灵得到片刻的宁静，充分体验刚刚获得的经验与智慧，为迈向下一个目标的展望打下坚实基础。

在展望下一个目标时，应清醒地认识到，每一个新的规划都会带来前所未有的成就感。因此，应设定更为宏大、更为宽广的下一个目标，以满足内心的追求，并为自己创造更多的成长机会。让我们深刻感受自己已取得的进步，想象着在这个阶段所积累的经验将如何引领我们走向更加辉煌的未来。

第五章　引领他人提升效能

第一节　常见现象

一、谁在帮助谁

领导者可能会产生这样的观念，即若缺乏自身的指导和认可，员工难以完成诸多工作；员工所从事的诸多事务，自己过往皆有涉猎，且因能站在更高的视角取得晋升，必定是自身表现优于他人。因此，领导者期望员工能摒弃原有的工作模式，转而遵循自己的方式行事，坚信自己的方式才是最佳的。无论员工过去习惯采用何种方式，领导者可能逐渐认为自己已成为团队中不可或缺的核心角色，似乎离开自己，团队工作便难以推进。

然而，实际情况可能并非如此。这种对自身重要性的认知，以及对被尊重、被喜爱的渴望，可能仅仅反映了领导者个人的心理需求，需要领导者自身进行深入觉察和妥善处理。

就管理工作的本质而言，管理实则是一种旨在影响他人行为、推动工作进展的干预活动。领导者的核心职责，在于充分发挥自身职权范围内的各项资源，全力以赴协助员工实现个人和团队的共同目标。只有当员工取得显著成就，领导者的成功方得以彰显。

员工的成败直接映射出领导者的能力和成效。因此，实际上是领导者更需要员工的支持与协助，而非员工依赖领导者的指引。这是因为衡量领导者绩效的重要指标之一，便是其能够影响和激励的员工数量。从这个角度看，员工在推动领导者达成考核目标方面发挥着不可替代的作用。

二、管理是领导者的责任

领导者，作为具备显著影响力的人物，其角色至关重要。踏上领导岗位，犹如登上舞台中央，发挥影响力成为其义不容辞的责任，而管理则是其核心职责所在。

管理，本质上是一系列精心策划的影响活动，它要求领导者通过深入了解现状，采取恰当的干预措施。领导者需要与员工达成共识，明确任务目标、执行理由以及可行的操作方法，洞悉员工在工作中遇到的困难和挑战，并引导他们朝着正确的方向前进，以实现卓越的业绩成果。无论员工当前的状态如何，领导者都应坚守职责，积极作为。

这里需要强调的是，我们并非要求领导者在自身状态不佳时仍要刻意伪装，或者在面临重大挑战时仍要勉力支撑。而是强调领导者应对自身的状态以及管理的影响力保持敏锐的觉察，以便更好地发挥领导作用，带领团队迈向成功。

三、什么因素引发满意

当问及员工为何对其上司心生不满时，常听闻的回应诸如："上司常对我进行严厉批评，动辄冷言冷语、高声斥责，使人倍感压抑，稍有差池便遭受指责。"此种现象在新进年轻员工群体中尤为显著。其背后所蕴含的，是对人性本善还是人性本恶的深层次思考？是倾向于 X 理论还是 Y 理论的观念分歧？然而，这些假设与理论并非用于审视员工或评判他人，而是反观我们自身的镜子。我们如何看待自己，世界便会以何种方式回应我们。因此，有人言称，我们正是自己世界的创造者。

按照赫茨伯格的激励理论，提升员工满意度的核心要素包括"个人成就的认可、组织与社会的赞誉、工作的挑战性、明确的职责界定以及个人的成长与发展机会"等。当这些要素得到妥善处理时，员工满意度将得到显著提升，进而激发出更高的工作积极性。相反，导致员工不满的因素主要集中在"公司的政策与管理机制、上级的监督方式、薪酬福利水平、人际关系状况以及工作环境条件"等方面，这些因素的失当处理极易引发员工的不满情绪。

在能够提升员工满意度的因素中，"赞赏"占据着举足轻重的地位。因为赞赏不仅能给予员工精神上的满足，还能激发他们的内在动力。因此，领导者应善于在工作中发现员工的闪光点，及时给予肯定和赞美。同时，要更多地强调员工的成功经验，而不是过分关注其失败之处。即使是微小的进步，也应当给予正面反馈，让员工感受到自己的价值。

此外，领导者自身也应具备自我欣赏的能力。一个对自己苛求、从未给予自己赞赏的领导者，很难真正做到欣赏和赞美他人。因此，领导者在关注员工成长的同时，也要关注自身的成长和进步，学会欣赏自己的努力和成果。

四、领导者认为的"该干什么"和员工认为的是否一致

在每个人的内心深处，都存有一份对世界的独特认知图景。在工作场合中，领导者与员工之间的这幅内心图景可能一致，也可能存在分歧。若从"人"这一主体出发，其内涵之丰富堪称无边无际。然而，就工作层面而言，具体的工作场景和应用场景往往具备明确的边界和限制，构成了一种有限的环境变量。领导者所面临的人，正是在这种商业环境中受到各种有限变量影响下的个体。因此，在与员工进行交流时，双方应明确各自的角色定位、职责范围以及行为准则，并在这一过程中寻求共识与共赢。特别是当最终的执行工作落在员工肩上时，他们有必要了解更多的背景信息、业绩指标等相关内容，以便更好地履行职责。

值得注意的是，领导者所掌握的信息以及他们对员工职责的期待，与员工自身所了解的信息和他们的自我认知可能存在显著差异。因此，直接而坦诚的沟通至关重要。领导者可以询问员工："你对自己工作的理解和规划是怎样的？"同时，领导者也可以记录下自己对员工职责的期待，并与员工的观点进行对比和讨论，以便双方能够达成共识，形成双赢的局面。最后，还需要根据双方讨论的结果，对员工的执行能力进行评估和衡量，确保工作能够得到有效推进。

五、没有谁想故意做蠢事

当员工未能完成既定任务时，我们或许会对他们产生诸如"懒惰、态度不端正、能力不足"等负面评价。但必须明白，没有任何员工会刻意采取错误行动，他们之所以作出特定选择，必然是基于当时情境下的最佳判断。因此，领导者所观察到的问题，实际上是员工在当前情境下的解决方案。

我们所认为的动机和态度，往往只是基于个人经验的猜测，未必能真实反映员工的实际情况。因此，领导者应当摒弃主观臆断，积极回应员工的现状和交流信号，主动询问他们的思考方式和行动方法。通过深入了解员工的思维模式和行为模式，我们能够更加准确地找到他们在工作中遇到的难题和挑战。在此基础上，领导者应引导员工认识到当前行为可能带来的后果，并鼓励他们以自己的方式承担责任、寻找解决方案。

六、领导者认为是消极结果，对员工可能是积极结果

行为主义研究明确指出，在探讨人的行为时，若行为带来积极结果，个体倾向于重复该行为；反之，若产生消极结果，则行为频率将减少。因此，那些有望产生积极结果的行为，往往具备重复发生的倾向。这一理论的核心前提是：结果必须针对个体而言，具有积极性质，且须在行为发生后立即显现，确保及时性与即时性。

换言之，这一积极成果亦须得到对方的认同，方能称之为真正的积极成果。以领导者视角观之，若员工工作拖延，致使业绩受损，这无疑被视为消极结果。然而，从员工角度出发，其或许因个人状况而视拖延为减压之策，得以规避责任，从事喜好之事，从而获得心灵慰藉。此时，反馈与沟通显得尤为重要，需深入了解员工眼中的积极与消极结果，并向其反馈领导者所观察到的相应结果，明确员工应负的责任及其行为所带来的后果，进而促使其自主抉择。因此，工作中的奖惩机制，实则源于工作本身、员工及领导者所取得的积极或消极成果。正是这些成果，决定了行为的持续或缩减。

第二节　管理角色

一、做员工的领导，而不是父母

众多组织的引领者，在实质上扮演着员工成长过程中的引路人与守护者的角色。员工在遭遇问题时，往往倾向于寻求领导的帮助，领导一旦介入，问题便能迅速得到解决。在此过程中，领导者亦乐于在"扶持"之中体验到自身的责任与价值。然而，长此以往，员工可能会形成依赖心理，将领导的帮助视为理所当然，甚至滋生"我弱我有理，你应关照我"的心态。

然而，领导者的"善意扶持"未必能够真正助力员工的成长。若真心信赖员工的潜力，便应鼓励他们发挥自我价值，挖掘内在潜能，引导他们成为独立自强的个体，而非长期陷于依赖的境地。从长远视角来看，这才是对员工最为深刻的支持与助力。与此同时，领导者亦能在此过程中实现自身的成长与蜕变。

正是在这一系列的进程中，组织的进化在悄无声息中得以展现。当人们成功克服自我恐惧和内在困扰，组织的运作也将变得更为高效、流畅。正如《重塑组织》一书中所深刻阐述的，组织将逐渐摆脱以恐惧与服从为基础的冲动型组织形态，摆脱机械服从的"琥珀色组织"，以及以完成管理指令为核心的"橙色组织"，进而迈向注重自下而上赋能的"绿色组织"。最终，我们将迈向以自我管理为核心动力的"青色组织"。

在"青色组织"的决策过程中，始终坚持以愿景和使命为指导性原则，致力于实现多方共赢的局面。这种组织形态不仅支持员工在工作中充分展现真实的自我，更能让他们身处一个充满滋养与活力的关系网络之中，共同推动组织的持续发展。

二、认识自己的管理偏好

领导者的个人倾向与气质特性在管理中发挥着举足轻重的作用。深入认识并理解自己的偏好和风格，有助于领导者在决策和行动时避免过度受个人主观意识影响，而忽视团队和系统的实际需求。

在此，可以借鉴肯威尔伯的"四象限"理论，从四个维度来审视领导者的个人偏好。具体而言，要反思领导者是倾向于关注个体的外在行为表现，还是更关注其内在的心理感受和思维模式；是关注团队内部的文化氛围和共同信念，还是关注外部环境的规章制度和操作流程。

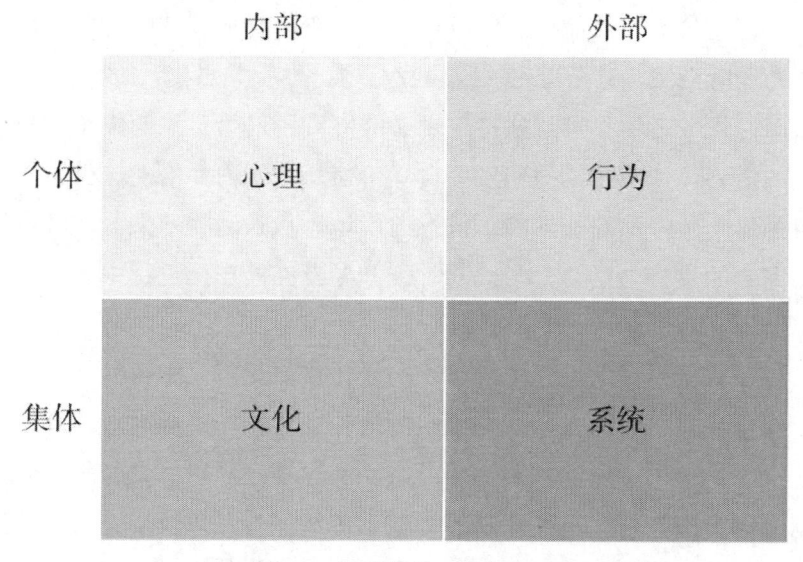

	内部	外部
个体	心理	行为
集体	文化	系统

图 5-1　肯威尔伯"四象限"

倘若当前组织正处于转型的关键阶段，部分团队已开始尝试以自主管理模式开展工作，然而，在此过程中亦面临着一项挑战：团队成员间过于追求和谐氛围，导致真实的反馈机制难以有效建立。须知，真实反馈是自主管理机制得以顺利运作的基石。目前，部分成员在工作中表现得较为敷衍，缺乏深入思考与切实努力，具体问题未能得到根本解决，仅停留在表面的友好交往上。

鉴于此，作为领导者，应适时暂停步伐，深入反思并采取适当的自然干预方式。我们需要思考，如何既保持团队的和谐氛围，又能有效推动真实反馈机制的建立，进而促进团队成员的共同成长与进步。

对于领导者而言，务必全面审视四象限的各个方面，并精准选取合适的切入点。若领导者在审视过程中发现自身的偏好与盲点，应积极与其他领导者沟通交流，倾听他们的见解，毕竟每位领导者在多数情况下都会持有不同的偏好。在此过程中，寻找一位能够互补自身偏好的伙伴至关重要，这有助于我们更加精准地实施干预措施，从而全面把握全局工作。同时，领导者应时常自我反思：如何平衡看待这四者之间的关系，以确保我们能够全面审视、科学决策，并制定出最佳的干预方案。只要领导者开始有意识地关注并付诸实践，这本身就是改进与提升的开始。

三、领导风格评估与员工的匹配度

领导者的角色与所处情境息息相关，领导风格亦需因对方准备程度的差异而灵活调整，以确保采取的行为方式最为适宜。

表 5-1　情境领导力的 4 种领导风格

领导风格			
S4：跟进 低关系，低任务 1.以书面形式记录每次谈话 2.跟进所有的承诺 3.监督进展，为下一次谈话做准备	S3：加强 高关系，低任务 1.强化已进行的步骤，以及已取得的进步 2.增强自我肯定和自我评价 3.鼓励、支持、激发和授权	S2：发展 高任务，高关系 1.讨论提升绩效的方式 2.就最好的行动方案达成共识 3.引导、说服、解释、培训	S1：命令 高任务，低关系 1.陈述新的行动方案 2.确认最好的行动方案 3.告知、描述、说明、指导
与对方的匹配			
会做或想做或有信心	会做但不想做或没信心	不会做但想做或有信心	不会做也不想做或者没信心
R4	R3	R2	R1

领导者的管理风格，若过于偏爱某一特定模式，在面对不同的团队成员

时，可能未必能完全适用。例如，对于偏好采取命令和告知方式的领导而言，在面对那些能力强、意愿高的员工时，可能并未充分考虑到对方对自主空间的需求，而非过多的管控，这就有可能导致潜在的工作冲突。同理，面对那些意愿强烈但能力尚待提升的员工，仅凭鼓励和激发，也可能难以在短期内实现显著的业绩提升。

因此，领导风格的选择应当因人而异，根据员工的具体状态和需求进行灵活调整。只有针对性地采用最适合的管理风格，才能最大限度地激发员工的潜能，实现团队绩效的整体提升。

第三节　有效沟通

在管理实践中，沟通贯穿于各个环节，是确保工作顺畅进行的重要保障。实现有效沟通，要求领导者学会倾听，深入理解各方诉求；进而要真实客观地反馈，确保信息准确传递，达成共识。

一、四层次聆听

沟通的核心在于"聆听"，唯有真正能够倾听、理解并领悟，方能实现清晰、精确的表达与沟通，因此，聆听能力在新时代的领导者中占据着举足轻重的地位。

在U型理论的四层次聆听方法中，不同的聆听方式所揭示的世界亦大相径庭。具体而言：

第一层次聆听往往主要聚焦于自身的声音，依照个人主观意念行事，而实际效果却并不尽如人意。在沟通过程中，此种做法极易导致我们过于沉浸在自我世界中，以主观意识去"评判"对方，进而陷入受害者角色的思维定式。

第二层次聆听要摆脱个人的主观评判，广泛听取不同的观点和声音。在这一层次的沟通中，由于双方各持己见，争论往往难以避免。因此，在争论的情境中，双方极易陷入保护自身立场的模式，一旦情绪占据主导地位，理智将难以发挥作用，从而使得讨论难以取得理想成果。

第三层次聆听需敞开心扉，运用同理心倾听，深入感受人与人之间的情感连接。在此过程中，我们要明确区分同理心与同情，避免过度掺杂个人情感判断。若领导者能从内心深处表达对员工的尊重，并坚信他们具备完成任务的能力，即便当前他们可能面临一些困境，导致言行表现有所不同，员工也能敏锐地捕捉到这份信任与关怀。这种情感基调为双方的沟通奠定了坚实的基础，虽难以言表，却能被彼此深刻感知。

因此，在第三层次的倾听中，领导者需保持自身情绪的平和与纯净。领导者的稳定状态有助于引导员工保持平稳心态，因为情绪具有相互影响的特性。通过营造这样的沟通氛围，我们能够更好地促进彼此之间的理解与信任，推动工作的顺利开展。

第四层聆听需深化意志，细听潜在可能，与即将诞生的未来整体紧密衔接。这一层级的倾听，是以前三层倾听为基石，它超越了自我评判的桎梏，深入洞悉对方的见解，敏锐把握对方的情感变化，同时又能立足整体，捕捉更多潜在可能。因此，即便在事态进展面临挑战之际，我们依然能够携手并进，共同探索并创造出崭新的现实。在这个充满不确定性的时代，这样的倾听方式无疑为双方带来共赢的机遇与更为宽广的未来视野。

需要强调的是，领导者在运用四层次聆听法进行沟通时，务必关注自身状态。若察觉自身情绪波动，应优先调节情绪，确保心境平和。若领导者未能深入剖析自身情感，便难以与对方实现真正的共鸣。若领导者表现出急躁焦虑，以傲慢姿态强加任务并指责对方，对负面因素过度否定，则易使对方产生防御心理，导致对抗局面。唯有领导者保持内心平和稳定，以开放心态寻求共识，展开平等对话，方能促使双方共同探索实现共赢的解决方案。

二、提问——不指责、不指导，启发对方自我思考

在与对方进行交流之际，应时刻关注对方所重视的核心议题，这些议题可能并非关注的重点，抑或并非原计划深入探讨的内容。同时，我们亦需深

入了解对方当前的处境、心路历程以及所遭遇的种种状况。这些关键信息的获取,均需通过精心设计的提问来实现,以确保双方沟通的深入与有效。

(一)提问与指导各有利弊

提问的适用性并非绝对,在某些特定场合下可能并不适宜。在某些情况下,直接给予明确的指导可能会更为高效和直接。当然,也存在提问和指导均不适宜的情境,如面对那些绩效持续不达标且缺乏改善动力的员工。此时,领导者应当发挥权威作用,明确指出不改善绩效可能带来的后果,甚至考虑进行岗位调整或解除聘用关系,以确保组织整体的高效运转(参见图5-2)。

	提问	指导
好处	提问可以引发自我思考,如果是由自己找到的方法,更能够带来自尊和自信。 提问解决的不只是问题,而是改变背后这个人的一些固有模式,扫清盲区,驱逐惯性。	如果对方是年轻的员工,非常有学习的意愿,只有能力上的问题的时候,可以给予指导。 在对方的需求已经清晰的时候,再给予指导可以更加快速高效。
坏处	不要为了提问而提问,提问的目的是解决问题;提问不是去质问,不是高高在上的盘查,而是真正的平等和好奇;有时不能一味地去提问,给一些直接反馈也是必要的。 提问更适合针对那些重要但不紧急的事情,如果是紧急又重要的事情,有时需要直接干预。	在没有确定地看到原因的情况下,指导会导致指导的方向不见得是对方真正需要的,所以有的时候可能会带来误导。 如果对方是有能力、有潜力的人,指导可能会带来对方的阻抗心理。

图5-2 提问与指导的利弊

(二)抵制给建议的诱惑

身为教练型领导,应秉持平等尊重的原则,与员工携手共进。在共事过程中,应将关注重点由"答案为何"转变为"员工解决问题的思考过程"以及"其内心所想,如何迈出第一步"。关键在于将视线从自我转移至他人,从关注具体事务拓展至关注员工个体的成长与发展。同时,应避免过度介入,试图承揽过多责任。过度热衷于助人,往往容易失去自我定位。因此,应放松心态，充分信任员工。很多时候，领导者无需亲自为员工解决所有问题，而是要激发其自主意识，鼓励他们真正对自己负责，实现个人价值的最大化。

三、反馈真实、不伤人——状态比语言更重要

我们皆期望自身所表达的反馈能够客观真实，同时也希望在与他人的沟通中，能够收获对方的真诚相待。然而，表面的坦诚之下，往往隐藏着个体为了保护自己或对方而作出的努力。例如，许多人在面对下属或同事时，往往难以直接表达真实看法或提出批评，这可能是因为担心这样做会显得过于苛刻；或者认为对方可能由于智识有限，无法理解这些观点；又或者认为对方尚未成熟，难以接受这些建议。

问题的症结究竟何在？问题便在于，人们普遍怀有与人为善、促进和谐共处的良好愿景，这种愿景往往促使我们致力于让对方产生良好的感受。然而，这种追求往往源于个体自身对于良好感受的渴望，而非真正出于对他人福祉的考虑。因此，在实际操作中，这种做法往往难以真正满足对方的实际需求，反而可能加剧问题的复杂性。更为严重的是，当对方的发展正需要得到真实、客观的反馈以推动进步时，过度的粉饰和美化反而可能掩盖了问题的本质，甚至对其造成潜在伤害。

在另一个极端情况下，对方获得了充分的真实反馈，然而，这种反馈往往显得刺耳且犀利，宛如尖锐的批评，使人难以承受。其效果往往导致对方产生抵触情绪，甚至更加抗拒改变。

在"担忧伤害对方而回避真相"与"揭露真相却无意中伤害对方"之间，我们探寻到了第三个选择——"真实平和的反馈"。实现这一选择的核心在于，领导者必须摒弃一切情绪色彩，特别是负面情绪。因为一旦沟通中掺杂了负面情绪，无论领导者如何掩饰，对方都能敏锐地捕捉到，并可能将其解读为对自己的指责。为达成不带情绪的沟通，领导者首先需要妥善处理自身的情绪，甚至包括那些深藏在内心的创伤。

第六章　带领团队接受更高挑战

第一节　团队面临的挑战

一、习惯的惰性？——坚定愿景目标

在日常工作中，许多人往往会沉浸在惯性的舒适区，从而滋生惰性心理，认为维持现状已然足够，无需过多思考未来。然而，这种状态容易让人忘却初心，丧失前行的动力。即便有时设立了愿景，但若未能将其切实融入日常工作的方方面面，那么这些愿景便如同空中楼阁，难以发挥真正的引领作用。

在此过程中，可能会听到一些质疑的声音：团队已经如此忙碌，是否还有必要花费时间和精力去深入思考愿景的价值？领导者设立的愿景和目标，是否足够具有吸引力，能够激发团队成员的积极性和归属感？更为关键的是，即使我们有了明确的愿景和目标，但如果仅仅停留在口号层面，未能将其转化为具体的行动和日常行为准则，那么这些愿景和目标的存在意义又何在呢？

诸多杰出的领导者皆具备满腔热忱，他们怀揣崇高的理想与志向，渴望与卓越者并肩前行，致力于实现真正有意义的事业。在此过程中，他们亦会深入思考团队愿景与个人愿景是否契合，并常常自问：团队的愿景与我的个人追求是否产生共鸣？我能否在此处感受到工作的召唤与使命？在人生的此刻，我真正被感召去践行的使命是什么？这个环境是否给予我充分的空间来表达真实的自我？团队能否助我不断成长与进步？

无论是受习惯惰性所困、缺乏明确的目标与理想，或是拥有理想却未能付诸实践，抑或团队愿景与个人愿景之间存在偏差，这些因素均可能对团队

的健康发展构成挑战。因此，领导者需要深入了解每个成员的个人愿景，进而形成共识，确保团队愿景得以统一。同时，更需将愿景转化为具体的行动，通过日常的努力与实践，共同推动团队朝着既定的目标迈进。

二、搭便车？——真实反馈打通进出通道

在团队贡献与激励机制尚未明确界定的背景下，可能滋生懒散现象，亦可能出现部分成员坐享他人劳动成果而减少自身投入的机会主义倾向。团队内部存在积极进取者与消极懈怠者并存的情况，有人勇往直前，亦有人拖沓不前；有人主动担当，亦有人被动应付。虽常强调团队的整体性，却忽视了个人贡献的差异性，长此以往，将不可避免地挫伤勤奋成员的积极性，引发团队成员间的不公平感，进而削弱团队的凝聚力与效率，导致团队整体动力不足。

针对当前情况，应如何妥善应对呢？首要之举在于逐步构建科学有效的绩效考核机制，全面深化对个人绩效考核的重视程度。在这一过程中，不仅要注重结果的考核，更要强化过程的考核，确保考核工作的全面性和深入性。考核的主体应涵盖上级、下级、同事、客户以及自我等多方利益相关方，确保考核结果的客观公正。同时，可引入共评法，科学评价个人对团队的贡献度，并加强对个人绩效的评定和反馈，激发团队成员的积极性和创造力。

此外，还需关注团队成员之间的结构搭配，确保技能互补，形成合力。在团队内部，应建立畅通无阻、显性可见、积极向上的人员进出通道，使优秀人才的引入与不合格人员的退出成为常态，优化团队结构，提升整体效能。通过这一系列举措，可以让个人和团队都深刻认识到流动和发展变化是常态，也是从长远来看对彼此都更为有利的处理方式。

三、考核形同虚设？——看见和听见真实的声音

绩效考核在许多团队中未能充分发挥其应有作用，其实际效果有待加强。尽管团队成员对考核的实际状况有着清醒的认识，但出于维护人际和谐和团队稳定的考虑，往往不愿意提供真实、客观的评价。然而，从长远来看，这

种短期的"善意"不仅无法促进个人成长，反而可能阻碍团队的整体发展。为了真正实现个人和团队的共同进步，我们必须摒弃这种表面上的和谐，让每个人都能在绩效考核中充分展现自己的潜能。

如何确保考核中那些隐性的诉求与感受得到充分的关注与认知？如何使来自不同立场与角色的声音得以有效传达？例如，那些存在异议却难以坦然表达的观点，那些过程中产生的不适与不满，以及隐约感知到的不规范、不合理之处，以及内心深处所期待的理想状态。这既需要个体的勇敢直面与自我突破，亦需团队层面加大介入力度，共同推动问题的解决。

这一过程可通过引入即兴戏剧、雕塑创作、共同构建愿景画面、利益相关者访谈等富有创意且互动性强的形式来实施，旨在以轻松有趣的方式吸引广泛参与。通过这些活动，能够更好地倾听多元声音，使更多隐性影响因素得以显现，进而促进各方基于差异进行深入交流，并最终就新的解决方案达成广泛共识。

四、必须我赢你输？——如何从输赢到双赢

"双赢"作为普遍受推崇的理念，在实务操作中却常呈现为单方获益的局面，即可能呈现我胜你败或我败你胜的态势。当一方无意识地产生依赖心理，而另一方则陷入无节制的付出之中，这种付出与贡献失衡的长期影响，便是在看似和谐的关系之下，实则隐藏着被压抑的愤怒与被忽视的价值。长此以往，不满与怨恨逐渐滋生，最终难免导致双方皆受损的境地。

在此情境下，首要之务是回归自身，深刻反思并调整自身的行为模式与思维方式。

❖ 去觉察自己在关系中实际扮演的角色。我看到了什么，正在发生的是什么？
❖ 觉察自己内心最真实的感受。我在与对方互动的过程中最经常出现的感受是什么，这种感受是要告诉我什么？
❖ 从别人的反馈中去探索。你看到了什么，他看到了什么，其他人又看到了什么，有什么不同，差异在哪里？

图 6-1 回归自身的自省问题

当观察到这种模式时，应妥善处理个人情绪，对于推动关系发展具有积

极意义。这有助于秉持双赢理念，增强交流互动，虚心倾听各方意见，并勇于表达自己的观点。应坚持不懈地追求双方满意的结果，从而推动双方关系实现质的飞跃，迈向共赢新境界。即便无法达成双赢局面，也应确保双方能够友好地结束合作，避免情绪纠葛，保持和谐稳定的关系。

五、感激是谄媚吗？——真诚欣赏，彼此赋能

在工作实践中，我们往往容易关注到他人的不足之处，而将他人的优秀表现视为理所应当。在团队运作中，这种倾向尤为明显。团队中不乏一群勤奋踏实的实干家，他们勇往直前，追求完美的执行力，不容许任何差错出现。为确保工作的准确无误，并及时纠正可能出现的偏差，这种严谨的态度是必要且有益的。然而，在追求完美的过程中，同样需要关注并肯定自己和他人所付出的努力与取得的成果。这些努力和贡献不应被忽视，而应被看见和认可。这样，工作才能更加真实、完整，既满足当下的需求，又推动我们不断进步和成长。当我们具备足够的智慧和洞察力时，便可以兼顾这两方面的需求。

在职场环境中，个体在表达感激之情时往往有所顾虑，特别是下级对上级表达感激时，担心被误解为逢迎拍马之举。因此，职位层次越高的人，可能越少有机会体验到来自下属的真诚感激，许多领导甚至鲜少得到这样的反馈。然而，我们必须明确，倘若感激之情出自真心实意，相信任何明智之人都不会将其视作谄媚之言。

赫茨伯格的激励理论指出，在众多令人满意的要素中，"赏识"占据了极其重要的地位，高居第二位。由此可见，无论是出于自我赋能还是助力他人成长，都应勇敢而真诚地表达感激与欣赏之情。

第二节　团队的发展阶段

团队作为一个整体，其发展历程本身就是一个动态演进的过程。在发展过程中，团队有时所面临的挑战和问题，实则是其成长阶段中不可避免的一环，而非仅限于个体或特定团队所独有的特殊情况，众多团队在成长轨迹上亦会经历类似境遇。

依据卡岑巴赫和史密斯关于团队发展的经典模型[①]，一个工作小组逐步成长为高效团队的进程，可细化为四个阶段：即伪团队阶段、潜在团队阶段、真正团队阶段、高效团队阶段（如图6-2所示）。

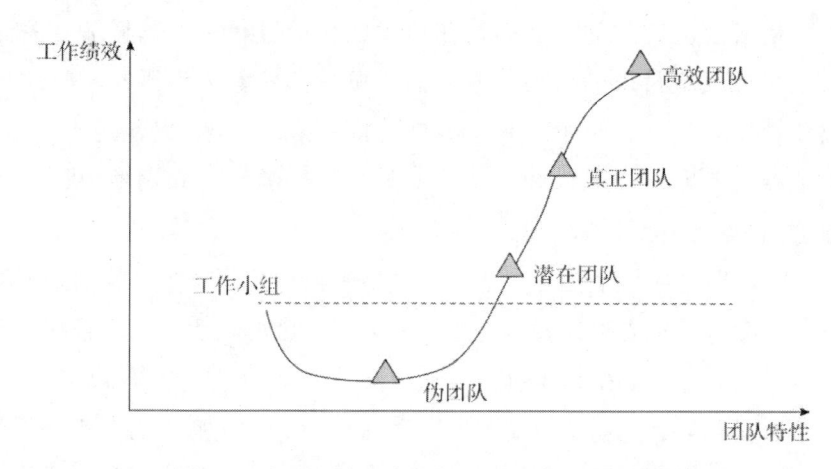

图6-2　卡岑巴赫和史密斯关于团队发展的模型

一、伪团队——诸多不确定性

初创期的团队，正处于从无序走向有序的关键阶段，面临着诸多不确定因素。由于团队成员动机各异、需求多样、特性迥然，目前尚未形成真正的共同目标，彼此间的联系纽带尚待建立，人与人之间的理解与信任尚显不足，

---

① 彼得·霍金斯：《高绩效团队教练》，中国人民大学出版社，2018年10月版。

仍处于相互磨合的过程中。同时，整个团队尚未建立起完善的规范体系，对于规则的认知与理解还没形成共识。因此，这一阶段的团队矛盾较多、内耗较大、一致性较低，即便投入大量精力也难以取得明显成效。此外，由于需要重新磨合与适应，团队绩效可能出现暂时下滑，部分团队成员可能产生"不如从前"的错觉。

在此阶段，尚未形成真正意义上的团队，群体成员亦未能以团队一员的身份来审视和思考问题，整体发展尚处于试验与摸索的初级阶段。因此，设定目标时需确保其合理性与实际可行性。成员间应相互扶持，携手共进。同时，虽需构建基础性的团队规则，但无需追求完美无缺，以确保团队沿着正确的方向稳步前行。

二、潜在团队——初见成效，竞争冲突

初创期团队经过磨合后，现已初步迈入成果显现的崭新阶段。在这一阶段中，团队成员逐步接纳并认同团队的存在，进而初步形成一个"潜在团队"。然而，当前团队成员在团队未来的发展方向上尚存分歧，尚未形成统一共识。积极投身于团队建设的成员们正积极适应团队氛围，不断探索解决问题的有效途径。在这一阶段，团队成员在面对其他成员的观点与见解时，更倾向于展现个人独特的性格特征。与此同时，对于团队目标、期望、角色定位及责任分配等方面的不满和挫折感逐渐显现，导致团队内部的人际关系日趋紧张。在巨大的工作压力之下，团队成员普遍感到焦虑不安，甚至在某些情况下可能引发内部冲突，使得团队前景变得扑朔迷离，团队士气陷入低谷。

在当前的激荡变革时期，需采用教练式领导方式，构建优势互补的团队结构，并主动探索解决问题的有效路径。作为领导者，应积极争取在工作中的突破，为团队树立典范，并善于发掘和树立先进典型。同时，随着核心成员能力的不断提升，还应实施更广泛的授权，并明确划分责权界限。在授权过程中，务必做好约定，明确各项标准，并定期进行检查，确保必要的监督。在团队成员可接受的范围内，应积极提出建设性意见和建议，共同推动团队向前发展。

三、真正团队——持续发展，和谐融洽

此阶段的群体成员在发展方向上已达成广泛共识，彼此间的关系更为紧密，团队内聚力显著增强，群体结构日趋稳固。

在这一时期，团队已确立共同愿景与目标，形成了一支自主化、高效能的协作团队。团队成员在开放包容的氛围中积极调和差异，充分发挥创造力，将外在的规范限制内化为内在的承诺与责任。团队成员之间紧密团结，共同为团队的成长与发展贡献力量，智慧与创意在团队中不断涌现。

在此状态下，团队士气高昂，面对极具挑战性的工作任务，团队成员展现出强烈的自信心和决心。当个人力量不足以独立完成工作时，团队成员会主动寻求合适的合作伙伴，共同攻克难关。每个团队成员都充分发挥主观能动性，积极为团队的成功贡献力量。

随着团队的不断成熟与发展，团队特色逐渐显现。团队成员遵循标准的工作流程，合理分配资源，确保各项任务的高效完成。团队内部积极分享观点与信息，形成了良好的沟通与协作机制。团队成员对团队充满荣誉感与归属感，共同为团队的辉煌未来而努力奋斗。

四、高效团队——成熟稳定，协作进取

在以往的努力中，团队成员协作进取，逐渐形成了强有力的团队合力，全员凝聚一心，展现出前所未有的潜能，以高效的工作创造出卓越的业绩，并在成本控制方面取得显著成效，高度契合客户需求。当前阶段的团队成员继承并发扬了前一时期的工作作风，对日常工作应付自如，游刃有余；在紧张有序的工作环境中，处处彰显出一个高绩效团队的成熟魅力与风采。

然而，一个凝聚力极强的团队也往往伴随着一定的排他性，团队交流可能局限于一定的私密空间，这一特点决定了团队规模不宜过于庞大，以免因队员之间的隔阂而削弱团队的整体战斗力。在一个规模适中的团队中，成员之间彼此了解、相互信任，一旦需要，每位成员都会毫不犹豫地捍卫团队荣誉与尊严。

当团队顺利实现阶段性目标后，必然会迎来组织整合的关键时期。这一整合过程实际上是组织调配力量、为下一个目标做好充分准备的重要前奏。在这一时期，工作压力相对较小，团队士气相对平稳，因此更需要领导者全面审视全局，系统思考未来发展，同时保持强烈的危机意识，不断学习成长，以引领团队不断迈向新的高度。

第三节　团队的保障

在团队发展的各个阶段，必须针对性地做好相应的发展准备。不论团队处于哪一阶段，都存在着一些需要共同关注的维度。尽管这些维度的侧重点会因阶段不同而有所差异，但同时兼顾这些维度，将有助于团队绩效的全面提升。

一、关注系统——明确利益相关者的期望

在寻求更大发展空间的过程中，我们必须勇于跳出既有框架，方能拓宽更为广阔的视野。团队并非孤立无援的存在，而是在与更为宏大的系统相互联系、尊重更多利益相关方、平衡各方利益诉求的基础上，做出更为客观公正的决策。此举顺应了系统运行的内在规律，有助于我们事半功倍地推进工作，避免陷入狭隘视野所带来的种种困境。

以组织中的团队为例，我们需深入了解组织的整体诉求、战略规划，以及影响团队运作的关键因素。同时，还需明确团队在组织中的定位，以及团队最终需要达成的成果目标。对于组织中的员工而言，我们同样需要关注他们的心声、诉求和期待，确保及时获取并回应他们的关切。

在了解利益相关方的诉求方面，可以通过调整空间位置和转换视角来呈现真实的诉求。

❖空椅子。根据特定主题，用空椅子代表某个利益相关者，通过让不同的人分别坐上空椅子的方式，来感受那个位置的诉求，说出他们的心声。

❖心理独白。坐上空椅子之后，让他们去感受"如果我是客户，我会有什么建议""如果是员工，他会对你说什么"。往往坐在这些位置上说的话和之前的客套敷衍大不相同，他们能够说出客户和员工的心声。

❖感受探询。然后从空椅子再回到自己的位置上，可以去询问"这个过程有什么感觉，有什么发现，对于之前的事项有无新的启发"等。

❖群体反思。通过这样的过程，让团队的所有成员分享感受和发现，因为听到了更多不同的声音，可能会直接影响领导者后续的决策和行动。

图 6-3　明确利益相关者的期望

针对团队而言，为深入把握员工的期望与诉求，应定期组织员工满意度调查工作；同时，为全面掌握客户动态，需定期开展深入的客户调研活动，并辅以其他利益相关者的调查工作，或定期与其进行直接对话与沟通，以确保信息的准确性与完整性。

二、共识愿景——从理想团队审视现在

一个团队的成立，必然承载着其特有的宗旨、愿景和目标，为团队成员指明前行的方向，确保团队能够朝着既定的目标稳步前进。这便是团队的愿景共创过程，它要求我们投入充足的时间与精力，经过深思熟虑和共同探讨，以形成清晰明确的共同愿景。具体的流程安排如下。

首先，明确个人的远景规划。团队成员应当积极交流他们对未来生活的期望与构想，阐述他们希望自身未来能够达成的状态与目标。随后，以此为基础，深入研讨组织的远景规划如何有效体现并扩大每个成员的个人愿景，同时询问团队成员关于如何最大限度地挖掘和发挥公司潜力的看法与建议。

第二，确立组织的共同愿景。进一步丰富对话内涵，共同绘制组织的未来蓝图，或利用沙盘模拟等方式实现愿景的可视化表达，确立组织的共同愿景，确保团队成员能积极投身于这一宏伟目标的实现过程之中。

第三，精准描绘当前状况。在确立共同愿景的基础上，组织团队成员进行深入讨论，识别制约组织前行的各种因素。同时，深入分析触发组织共同愿景建立的关键变化及其发生的先后顺序。在此基础上，就当前状况形成共

识，进而明确行动的优先次序，确定关键节点，并规划出合理的行动路径。此外，还需审慎思考资源的合理分配策略，以确保各项任务的顺利推进。

第四，推进选择和实施环节。每一位参与者都应积极承担责任，充分发挥自身作用，为该项计划的成功贡献力量。各参与者需根据分工，回到各自部门，认真完成计划中的各项任务，确保整个计划的有序进行。同时，每位参与者都应深刻认识到，在公司上下协同推进的计划中，自身所扮演的角色至关重要，个人努力与贡献将直接影响计划的最终成效。同时，定期召开计划工作会议，加强沟通与协作，团队成员共同进行实验，不断总结经验教训，以制定和调整更为科学、合理的工作方向。

依据宏伟愿景，我们需系统规划目标与计划，并细化行动步骤与时间节点，同时对实施过程进行严格评估与跟踪。这种立足长远、以未来为导向的思维方式，在打造理想团队的过程中同样具有指导意义。我们应立足团队未来的发展方向，审视当前团队结构、能力及潜力，识别存在的短板与不足。进而，可以设定团队在短期内尚未实现、预期在未来六个月内能够达成的具体目标，例如预期的收入增长、服务质量的提升、成本控制的优化以及人才梯队的完善等。

三、直面冲突——在真实中坦诚共创

一个高效的团体必须能够敏锐察觉并妥善处理人与人之间存在的以及潜在的分歧与冲突，而非采取掩盖或压制的方式。在团体内部，将情感上的压力合理释放，有助于推动组织工作目标的顺利实现。直面冲突的过程，可遵循以下规范化流程进行。

第一，务必深入发掘实际存在的问题。尽管我们此前已与团队负责人进行了详尽的调研，但在现场仍须积极征求大家的意见，鼓励大家将他们所认为的问题及期望以书面形式表达，进而进行系统的分类整理，以便精准地识别出核心问题。

第二，识别情绪。当前，我正处于何种情绪状态之中？针对这一问题，我们可以采用幽默吐槽的方式进行表述，将其诉诸言辞，抑或通过雕塑的艺术形式将其具象化，直观地展示出来。

第三，关于对话情绪的处理。建议在不同位置设置数把空椅子，以便让团队的核心利益相关者进行对话交流。通过安排不同的人员坐在不同的椅子上，使他们能够尝试站在对方的角度去感受对方的情感与立场。在每个位置停留片刻，深入思考并表达出想要传递的信息与情感。

第四，转化情绪。通过进行一系列情绪处理的练习，以更为理性、稳妥的方式表达自身的诉求，从而实现情绪的有效转化。

第五，就解决方案达成共识。随着压抑情绪的逐步释放，人们愈发倾向于以勇敢且真实的态度表达自我，积极邀请各方发声，共同阐述各自所期待达成的结果。基于当前的实际状况，经过深入讨论与协商，就不同阶段的解决方案达成广泛共识，形成切实可行且符合各方利益的解决方案。

第六，实施追踪与落实。依据既定计划，分阶段稳步推进方案的落地执行。在落地过程中，需全面考虑员工心理认知、个体能力水平、团队文化氛围以及团队运作机制等多个维度，确保达成共识的方案能够按照既定计划有序推进，并切实付诸实践。

在团队协作的进程中，应积极倡导每位成员表达其当下真实感受，无论其情感倾向是正面的还是负面的。此举意在传递出这样的信号：团队成员的个人感受至关重要，每个人由于生活经历、性格特质等因素的差异，必然会产生多样化的情感体验，这些感受并无绝对的对错之分，而只是展现了不同的情感趋向。当这些差异被团队所接纳与尊重时，也就意味着每位成员都获得了应有的尊重与认可。反之，若团队成员选择压抑或忽视自己的感受，团队便无法真正完整呈现出其多元化的面貌，也会缺失那份由个体独特性所带来的独特价值。

在这样的团队中，我们将能够看到一个更加立体、多元、充满生机与创造力的集体形象。我们追求的不是完美无缺，而是每个成员都能够真实地展现自己的每一个侧面，无论是阳光灿烂的正面，还是稍显阴暗的负面。当每个成员都能够以更加完整、真实的自我参与到团队中来时，整个团队也将因此而焕发出更加旺盛的生命力与创造力。

四、表达感激——"HAPPS"法则

如何表达感激？这里参考"HAPPS"法则（如图6-4所示）。

❖ 习惯的（Habitually）：养成感激的习惯，因为它的确能为彼此赋能，一旦形成习惯，你就不会觉得感激是在浪费时间。

❖ 真诚的（Authentically）：保持感恩的心态，发自内心地去感激他人，这是真诚感激的关键。

❖ 及时的（Promptly）：发现能感谢的行为立刻表达出来，在行为发生时就表达感激，越早越好。

❖ 适度的（Proportionally）：感激的表达，无论是口头表达、书面表达还是物质表达，以与行为相称、合适恰当为好。

❖ 具体的（Specifically）：对具体行为表示感谢，越具体越好，让对方知道是因为什么而得到的感激。

图6-4 "HAPPS"法则

五、严明职责——明确角色责任与权力

在组织管理实践中，有时领导者未能明确界定自身的管理职责，导致引领和示范作用发挥不足，这在一定程度上制约了组织的发展潜力。然而，一旦领导者的角色定位清晰，整个组织将呈现出有序、高效的运行状态，每个成员都能够按照既定职责行事，共同推动组织朝着既定目标迈进。

为了更好地明确团队成员的角色、职责和权限，我们可以参考RAA（Roles、Accountability、Authority）模型，制定一份详尽的责权清单。通过与上下级的深入交流和确认，确保每位成员都能够明确自身的角色定位和工作职责（参见图6-5），从而确保组织整体的高效运转和持续发展。

```
┌─────────────────────────────────────────────────────┐
│ 姓名：                                               │
│ 上级的姓名：                                         │
│                                                     │
│ 我在自己团队中的角色和作用：                         │
│                                                     │
│ 我的职责和别人期待我拿出的结果：                     │
│                                                     │
│ 我的权力和别人赋予我的权力？                         │
│                                                     │
│ 我的授权是否足够？                                   │
│                                                     │
│ 我负责的流程包括：                                   │
│                                                     │
│ 上级确认：                                           │
│ 日期：                                               │
└─────────────────────────────────────────────────────┘
```

图 6-5　角色、责任和权力表

六、学习提升——总结反思，持续成长

　　工作既是职责所在，亦是个人修为的锤炼。在工作中，我们与同事、伙伴、客户交流互动，他们如同一面面不同角度的镜子，映照出我们自身的盲区与未知领域，成为我们学习进步的良师益友。

　　有时，我们或许会过分关注成败得失，而忽视了过程中的学习与积累。此时，我们应回归内心，审视自己：在哪些事务中能够得心应手、游刃有余？在哪些领域感到力不从心、需要提升？在何种情境下更易感到轻松愉悦？又在何种情况下更易产生压力与情绪波动？这些问题都在向我们传递着宝贵的信号，指引我们深入思考并总结经验教训。

　　在推进各项工作的过程中，我们不仅要注重具体事务的落实，更应养成深度思考的良好习惯。同时，积极听取他人的反馈意见，认真审视"哪些环节表现优秀，哪些环节仍有提升空间"，并以此为契机，庆祝自己在工作中的每一点收获与进步。

　　面对挑战时，我们有时会因害怕失败而犹豫不决，甚至产生逃避心理。

这种纠结实际上是对自我价值观的一种拷问，它提示我们深入思考：我们真正看重的是什么？如何才能在内心深处实现自我满足？在遭遇困境或情绪低落时，我们更应学会超越情绪束缚，积极寻求自我支持的方式，以坚韧不拔的毅力面对挑战。有时，我们会因技不如人而感到懊恼，这背后实际上是对自我提升的渴望和呼唤。同样，当我们表现出严厉与愤怒时，也需反思这背后所隐藏的真实需求和期待。在这个过程中，我们要学会做自己最好的伙伴，陪伴自己不断成长。在团队中，我们更应相互扶持、共同进步。通过互相倾听、理解和支持，我们可以共同克服各种困难，实现个人和团队的共同成长。

第七章 战略影响组织协同共赢

第一节 战略规划

关于战略这一议题,社会各界讨论热烈。那么,战略究竟意味着什么呢?从定义层面解读,狭义的战略主要指向实现目标的最优路径选择、基本原则坚守以及指导思想确立;而广义的战略则涉及组织在特定时代背景和环境下所规划的长远发展目标及其实现路径。

在领导学的理论框架内,战略远不止于规划制定这一层面。它涵盖了战略思维的锤炼、战略判断能力的提升、战略决策的科学制定、战略布局的精心安排以及战略实施效果的全面评估等多个方面。这些要素共同构成了战略的丰富内涵,为组织的持续发展提供了坚实支撑和有力保障。

战略的首要任务在于明确愿景、使命与目标,并以此为基石,审视组织所处的宏观与微观环境,深入剖析组织自身的资源禀赋与综合能力。在保持动态平衡的前提下,领导者需围绕既定目标,制定并实施最佳战略决策,确保各项举措得到全面贯彻。同时,定期回顾与评估战略执行情况,确保战略目标的顺利实现。

就领导理论层面而言,一个优质的战略规划应当具备以下显著特点:

第一,战略目标的设定必须明确且宏伟。明确的战略目标有助于在组织内部形成高度共识与凝聚力,而宏伟的战略目标则能够激发组织成员的崇高信仰。这种战略目标不仅能够在组织内部产生深远影响,还能够吸引组织外部人士的目光,使他们对之充满向往与敬仰。中国共产党将实现共产主义作为自己的战略目标,这一信仰已深深植根于每一个共产党人的心中。自此,无数中华民族的优秀儿女为了这一伟大目标,不惧艰险、勇往直前,用他们的热血和生命谱写了壮丽篇章。

第二,战略判断务必准确且明晰。在战略判断过程中,必须紧密结合历史发展的大趋势,对较长时期内各种环境条件的发展变化进行深入剖析,形成对形势的精准判断。战略判断的前提在于构建完善的战略思维和战略思想体系。战略思维与战略思想的形成,离不开对翔实背景资料的全面梳理,以及团队成员之间的紧密协作与默契配合。同时,领导者的敏锐直觉和丰富经验也发挥着至关重要的作用。

第三,战略决策具有鲜明的稳定性。准确的战略判断,是制定战略决策不可或缺的先决条件。一旦战略决策形成,无论面临的对手实力如何,都应坚守决策的一致性,确保战略实施不受干扰。

第四,战略布局须体现重点性。无论何种组织、哪个国家,即使拥有再强大的力量,亦无法做到随心所欲、全方位布局。特别是在实现战略目标的过程中,首要之务便是凸显战略布局的关键要素。抗日战争胜利后,中共中央根据对全国局势的战略洞察,明智地制定了"东北求发展、中原求稳定"的战略方针,将大批军队和干部部署至东北,为解放战争的最终胜利及新中国的诞生赢得了战略先机。此举正是突出战略布局重点的典范之作。

第五,战略目标的规划务必体现层次性与系统性。战略目标的设定不应局限于单一终极目标,而应结合实际情况,科学划分远、中、近不同阶段的目标。特别是近期战略目标,必须清晰明确、易于理解,从而确保战略管理的每一步都严谨规范、有条不紊。中国共产党自诞生之日起,便展现出战略目标层次分明的鲜明特点。改革开放以来,无论是"三步走"战略、"两个一百年"奋斗目标,还是本世纪中叶的"两阶段"发展部署,都为经济社会发展确立了明确的近、中期目标。这些目标不仅极大地凝聚了人心,形成了广泛的社会共识,更彰显了中国共产党对国家发展规律的深刻洞察与对实现中华民族伟大复兴的坚定信念。

第六,战略目标保障措施坚强有力。保障战略目标的实现需要综合运用组织动员、执行力和资源保障等手段,特别是针对"两个一百年"和"两阶段"发展战略的提出,体现了对经济、社会、政策、法治和党的建设等方面的全面考量和布局，为国家发展提供了坚实的支撑和保障。这也强调了领导力、执行力以及资源配置与保障的重要性，是在实现战略目标过程中不可或缺的关键因素。

第二节　战略管理

战略管理是组织发展的关键环节，旨在明确使命，结合内外环境设定战略目标。这一过程需精心筹划，确保目标实现的精准性与可行性，并借助组织内部力量将战略规划转化为具体行动。同时，战略管理也是一个动态过程，需在实施中不断调整与优化。通常而言，一个健全的战略管理过程可划分为战略分析、战略选择与评价、战略实施与控制三大阶段，各阶段相互衔接，共同构成完整的战略管理体系。

一、战略分析

战略分析是一项系统性的工作，旨在深入剖析组织的战略环境，进行客观评价，并科学预测这些环境未来可能发生的演变趋势。同时，战略分析还需关注这些趋势对组织可能产生的具体影响及其方向，为组织决策提供有力支撑。一般而言，战略分析涵盖三个核心方面：一是明确组织的愿景、使命与目标，确保战略方向清晰明确；二是对组织外部环境进行全面分析，包括宏观环境、行业环境及竞争态势等，以把握市场机遇与挑战；三是对组织内部环境进行深入剖析，包括资源能力、组织结构、文化氛围等，以识别内部优势和不足。

（一）愿景、使命与目标的确定

明确组织愿景、使命和目标，是战略分析不可或缺的起点。其中，愿景是组织未来发展的蓝图，它描绘了组织希望达到的理想状态，激励着成员们不断前行。在构建愿景时，我们需要在理性和感性之间找到平衡点，既要体现组织的长远追求，又要符合现实可行性。

使命则阐述了组织存在的根本意义和价值，它回答了组织为何而存在、为谁服务以及将如何创造价值的问题。一个清晰明确的使命能够激发员工的归属感和使命感，为组织的持续发展提供源源不断的动力。

战略目标是愿景的具体化，它们为组织在一定时期内的发展设定了明确的方向和指标。这些目标是在深入分析愿景和使命的基础上制定的，旨在确保组织能够沿着正确的方向前进，并逐步实现愿景所描绘的美好未来。

在领导者全面分析外部环境和内部条件后，可能需要对组织的愿景、使命和目标进行适时调整。这种调整旨在确保组织战略与外部环境保持高度契合，同时充分发挥组织的内部优势和潜力，推动组织不断向前发展。

（二）组织外部环境分析

组织外部环境是一个多层次、多维度的系统，其中包括政治法律环境、经济状况、技术发展、社会文化氛围以及行业内的竞争格局等多个方面。深入进行组织外部环境分析，旨在准确识别和把握对组织发展有利的机遇，同时清醒认识到潜藏在组织发展过程中的威胁与挑战，从而实现"知彼"的战略目标。通过这样的分析，可以更加科学地制定和选择适合组织的战略，充分利用外部环境中的优势资源，同时有效应对和化解潜在的风险因素，为组织的持续健康发展奠定坚实基础。

（三）组织内部环境分析

组织内部环境，即组织自身所具备的一系列基础条件和核心特质，涵盖了生产运营、技术创新、市场营销、财务管理、研发实力、人力资源以及管理效能等多个方面。对组织内部环境进行全面而深入的分析，旨在准确揭示组织的优势与不足，实现"知己"的目标。这样在战略制定与实施过程中，能够更加精准地发挥组织的优势，有效规避潜在风险，促进组织资源的高效利用和合理配置。

二、战略选择及评价

战略选择与评价过程，从实质层面而言，即战略决策的过程。它基于对组织战略的深入理解，进而对战略进行匹配、评价和选择。

（一）战略选择及评价阶段的主要工作

在组织发展进程中，为实现既定的战略目标，通常需要设计多种战略方案。这就要求我们必须对每一种方案进行深入细致的鉴别和全面科学的评价，从而选出最符合组织实际和需求的方案。

一是战略方案的创设。组织战略人员需立足组织的内外环境实际，紧密结合组织的核心使命与发展目标，精心策划并初步形成一系列具有可行性的战略方案。

二是战略方案的审慎评估。组织战略人员需借助科学的战略评价方法与先进的战略管理工具，对提出的战略方案进行细致入微的评估分析，以便筛选出最为合适的组织战略。在评估过程中，战略人员应重点考虑以下两个方面：①该战略方案是否能够得到相关利益者的广泛认可与积极支持，以确保方案的顺利实施；②该战略方案是否能够有效把握和利用环境中的机遇，有效应对和降低潜在的风险挑战，同时充分发挥组织的既有优势，有效克服存在的短板不足，从而为组织的持续健康发展奠定坚实基础。

战略决策的制定，需要在愿景目标和现实情况之间，以及核心利益相关者、外部环境和自身实力等多维度之间进行深入权衡与精细协调。这种协调应综合考虑长期与短期、整体与局部、根本与表象的多个层面，确保决策既符合组织的长远发展，又能够切实落地。

在这一过程中，关键是要将组织的愿景目标与战略分析中揭示的外部环境及内部资源能力的实际情况紧密结合，形成有机统一的整体。这需要我们充分发挥智慧和创造力，不断探索并优化适合组织发展的路径和方法，使现实情况逐步向愿景目标靠近。

（二）影响战略选择的因素

从理论上分析，组织在制定战略选择时，应以能否以最少的资源消耗和最低的负面影响达成共识目标为核心考量标准。这一原则，即"两利相权取其重，两害相权取其轻"，旨在实现资源的最优配置和效益的最大化。然而，在实际决策过程中，由于不同战略方案之间客观存在的难以直接比较的特性，导致最终的战略选择不可避免地受到多种难以量化的主客观因素的干扰。这些因素使得战略方案的选定过程在某种程度上呈现出非理性的特点，需要决策者综合权衡各方因素，审慎作出决策。

1.组织过去战略的影响

在启动战略选择之际，首要之务是回顾组织既往所确立的战略规划。这是因为过往战略的实施成效对现行战略选择的导向具有显著影响。当前负责战略决策的领导者，往往也是昔日战略的缔造者，他们曾在过去战略上倾注了大量的时间、资源和精力，因此，在战略选择上，他们更可能倾向于选择那些与过去战略相契合或在其基础上加以优化的方案。这种倾向于选择与过去战略相协调或沿袭既有战略的思维模式，已深深植根于组织之中。

研究结果显示，在制定计划的过程中，基层管理人员普遍认为，战略选择应当与现行战略保持一致性，因为这样的战略更易于被广大员工所接受，其推行过程中所遭遇的阻力和困难也相对较小。

2.企业对外界的依赖程度

以企业为例，在战略决策过程中，企业务必充分考虑供应商、顾客、政府、竞争者及其联盟者等外部环境的综合因素，这些环境因素作为外部制约力量，深刻影响着企业的战略选择方向。若企业在某个或多个因素上呈现出高度的依赖性，其最终敲定的战略方案势必将顺应这些因素的导向。换言之，企业对外在环境的依赖程度愈深，其战略选择的范围及灵活性便会相应缩减。以银行贷款为例，若某企业贷款规模庞大，占据其流动资金的显著比例，则该企业在谋划战略之时，往往需顾及主办银行的制约与支持，从而确保战略决策的稳健与合理。

3.领导者对待风险的态度

领导者在应对风险时所展现的态度，对战略选择的决策过程具有显著影响。部分领导者表现出对风险的强烈回避倾向，而另一些领导者则表现出对风险的积极接纳态度。这种风险态度的差异性，将直接导致组织在战略选择上的差异化取向。

（1）若领导者深谙风险之于成功的重要性，并怀揣勇于担当风险的决心，则企业往往倾向于采纳积极进取的战略方针，积极接纳或寄予厚望于高风险的项目，甚至在环境变化尚未迫使企业做出应对之际，便已主动出击，率先行动。此类领导者通常会全面考量更为宽泛的战略选项，以确保企业能够灵活应对各种挑战，实现可持续发展。

（2）若领导者对风险的现实存在性持有认同态度，且敢于承担部分风险，则其必然会努力在高风险战略与低风险战略之间寻找一个恰当的平衡点，旨在实现风险的适度分散。

（3）当领导者认为过高的风险可能导致企业陷入绝境，从而倾向于减少或避免风险时，他们往往会缩小战略方案的考虑范围。他们可能更倾向于选择保守或稳健发展的战略，避免涉足高风险项目，而更愿意在稳定的产业环境中稳健经营，以保障企业的长远发展。

4.组织文化与内部权力关系

组织文化，作为组织精神的核心，贯穿于组织发展的始终，是推动组织不断前行的力量源泉。组织文化与战略选择之间形成的动态平衡和相互作用，是组织稳健发展的根本保障。

在制定组织战略时，组织必须深刻理解组织文化的精髓和内涵，准确把握组织文化对组织运营的具体要求。只有在充分考虑当前组织文化的特点和未来预期文化的发展趋势的基础上，才能制定出既符合组织实际又具有创新性的战略。

因此，在现实环境中，战略选择决策不可避免地会受到各种因素的影响和制约。组织应当全面分析这些因素，确保战略选择既能够体现组织文化的精神实质，又能够推动组织实现可持续发展目标，从而确保组织战略选择的科学性和有效性。

5.时间因素

时间因素在战略选择过程中起着至关重要的作用,其影响主要体现在以下几个方面:

第一,外部时间因素的制约对管理部门的战略决策产生深远影响。在面临紧迫的外部时间制约时,管理部门可能无法充分进行深入的分析与论证工作,因此,在多数情况下,管理部门会出于无奈而选择采取防御性的战略方案。

第二,制定战略决策时,务必精准把握时机。实践经验充分证明,即便是优质的战略方案,若未能选择合适的时间节点实施,同样难以达到预期的良好效果。

第三,战略选择所需的超前时间与管理部门所考虑的前景时间密切相关。组织在制定战略规划时,需充分考虑到长远的发展前景,以确保战略选择的超前时间得到合理延长。

6.竞争者的反应

企业在战略选择过程中,必须深入分析和精准预计竞争对手对于本企业不同战略方案的反应态势。以企业采用增长型战略为例,必须全面考量主要竞争者可能采取的反击措施,以及这些措施对本企业战略部署可能产生的具体影响。因此,对竞争对手的反击能力进行合理、恰当的评估,成为企业制定战略不可或缺的一环。

在寡头垄断型的市场结构中,或是面临市场上某个实力雄厚的竞争者时,竞争者的反应对于战略选择的影响尤为关键。以 IBM 公司为例,其竞争行为对计算机行业内的所有企业战略抉择均产生深远影响;同样,美国各大汽车巨头在制定战略时,也必须密切关注其他汽车巨头的竞争反应,以确保自身战略的科学性和有效性。

三、战略实施及控制

（一）概述

战略实施与控制，即将战略规划切实转化为组织具体行动，确保其坚定不移地沿着既定战略目标与方向不断迈进的过程。在组织层面，推进战略实施通常需从以下几个方面着手：一是强化组织治理，确保决策精准、执行有力；二是优化资源配置，提高资源使用效益，为战略实施提供坚实保障；三是调整优化组织结构，构建适应战略发展需要的组织架构；四是实现组织文化与战略的高度匹配，发挥文化在战略实施中的引领和凝聚作用，形成强大发展合力。

战略实施是在战略确定之后的关键步骤，其实施的核心在于确保战略的有效落地与贯彻执行。领导者需通过精心策划，将组织的总体战略方案在时间与空间维度上进行科学分解，从而细化成各层次、各子系统的具体战略和策略。同时，还需构建各类职能层战略，用以指导具体的经营活动，确保战略目标的顺利实现。

战略控制作为战略管理流程中的核心环节，对于确保战略目标的顺利实现具有举足轻重的作用。在战略的具体部署与实施过程中，为确保战略执行能够精准对接预期目标，组织必须对战略实施过程进行严格把控。这就要求我们依托有效的信息反馈机制，将实际执行效果与预设的战略目标进行细致对比。一旦发现两者之间存在显著偏差，必须立即采取有力措施进行纠偏，以确保战略实施能够回归正确轨道。

此外，若这种偏差源于原战略方案的分析不足、判断失误，或是外部环境发生了难以预料的变化，组织应重新评估当前战略环境，并据此制定新的战略方案。这一过程不仅是战略变革的启动，也标志着新一轮战略管理循环的开始。通过不断适应外部环境的变化，组织能够推动战略管理工作不断取得新的成效。

具体而言，当战略发生变革时，业务流程亦将随之调整，业务流程的变动必然引发人员间协同关系的变动，组织架构亦需同步作出适应性调整，支持组织成员完成战略目标的机制亦需相应变革，对人员的激励与评估机制亦需与之相匹配，组织诸多层面均需作出相应调整。然而，如何界定这些调整的标准，如何科学衡量其效果，这成为我们必须面对的问题。例如，关于权力的集中与分散、管理的随意与正式、采取何种方式、调整至何种程度为宜、权力如何合理分配、激励政策如何制定、考核由谁主导、利益如何公平分配、决策权归属何方、如何把握调整的分寸，是追求灵活还是僵化，是放任自流还是官僚化，是追求统一还是导致分裂？这些问题若仅从单一层面考虑，可能陷入困境，难以找到突破口。但若从组织的愿景、使命、目标及战略的整体视角出发，这些问题往往能够迎刃而解（参见图7-1）。

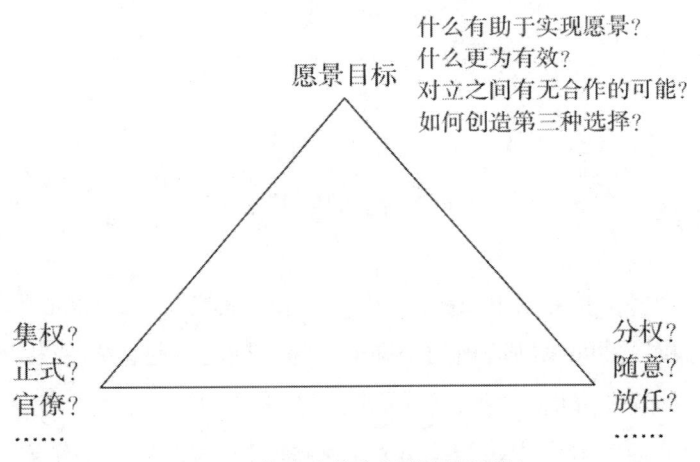

```
                    愿景目标        什么有助于实现愿景？
                       △            什么更为有效？
                      ╱ ╲           对立之间有无合作的可能？
                     ╱   ╲          如何创造第三种选择？
                    ╱     ╲
                   ╱       ╲
                  ╱         ╲
                 ╱           ╲
   集权？       ╱_____╲      分权？
   正式？                             随意？
   官僚？                             放任？
   ……                                ……
```

图 7-1　作为决策依据的愿景目标

如果愿景使命和目标战略能够契合所有利益相关方的核心利益诉求，且其表述足够清晰具体，成为众人共识，则在未进行修改之前，我们有必要将其全面贯彻于所有行动中。此做法的基石在于，我们应以目标战略为核心，作为制定决策的根本依据，而非以个人意志、单方利益或是特定理论方法为导向。这对领导者而言，无疑是一次重大的转变。自组织创立之初，便承载着特定的使命与方向，这并非仅属于创始人或个别成员，而是凝聚了所有利益相关方的共同意志。组织本身作为一个独立的实体，拥有其独特的愿景使命和目标战略，这是其存在的根本依据，并不因个别成员的变动而转移。因此，我们必须将战略目标转化为切实的行动指南，确保其连续性、一致性和集中性，并贯穿于组织运营与协同的全过程，使之成为我们决策的核心依据。

（二）组织战略目标的实现

詹姆斯·布里克利强调，权力分配、业绩评估以及激励政策是组织成功运行的三大支柱，不可或缺。唯有确保三者之间的平衡与协调，方能稳健推进组织目标战略的实现（参见图7-2）。

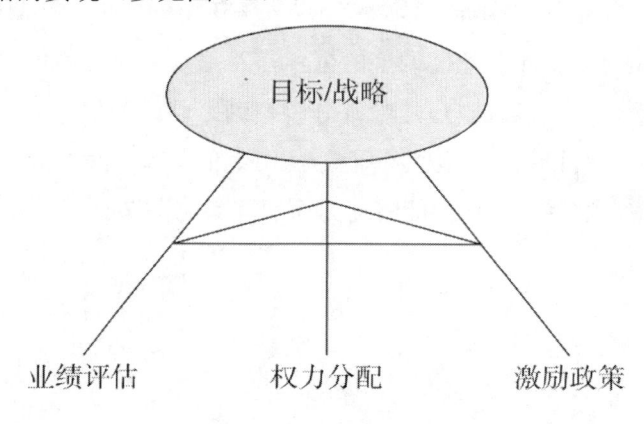

图7-2 组织架构核心三要素

1.权力分配

当前，众多大型企业集团面临着一项严峻挑战，即如何在"高度集权"与"高度分权"之间找到恰当的平衡点。这一问题，往往表现为"一管则僵，一放则乱"的复杂局面，需引起我们的高度重视和深入思考。

在权力分配的过程中，应坚守的核心原则是："应将决策权合理分配给能够助力组织迅速作出准确决策的个体或团体"。而判断决策的正确与否，关键在于审视其是否紧密贴合组织既定的目标，并能否与组织所处的外部环境及内部资源形成有效协同。

（1）集权的决策方式。这一决策方式具有独特优势，即高层管理者对企业愿景、使命、目标战略持有强烈的认同感，从而更易于与组织的战略和目标方向保持一致性。然而，这一决策方式亦伴随着潜在的风险。尽管能力的迭代与适配至关重要，高层管理者在与企业最前线之间可能存在着信息不对称的问题。

决策的制定依赖于高质量、及时且有效的信息。然而，在信息自下而上传递的过程中，若高层管理人员未能展现出承担责任的能力和接纳不利消息的勇气，或在面对信息快速变化、信息量庞大的情况下，无法确保信息的及时准确传递，则可能导致高层管理者无法获取第一手、真实且丰富的信息，进而缺乏决策的依据，难以作出正确的决策。

在某些规模庞大的企业中，核心领导层仍掌握着众多决策权，不愿轻易放权或授权。这种权力分配方式虽形式上呈现为高度集权，但实质上却表现为高度分权。由于信息不对称和高层管理者时间精力的限制，对各项事务的调整决策可能缺乏充分的依据，从而导致实际权力实则掌握在下属部门的管理者手中。这种权力的模糊界限为机会主义行为留下了隐患。因此，在采用集权的决策方式时，需审慎衡量高层管理者的能力与解决信息成本的问题，以确保决策的科学性和有效性。

（2）分权的决策方式。这一决策方式的优势在于能够有效增强组织灵活性，提升决策效率，并进一步优化决策质量。然而，亦需警惕潜在风险，即掌握信息者可能出于自身权益考量，作出仅符合个体或小团体利益的决策，而此类决策未必契合组织整体目标或适应组织外部环境与资源条件。因此，为确保决策的科学性与合理性，有必要配套建立业绩评估系统与激励系统，以形成有效制衡与引导机制。

（3）如何在集权和分权之间找到平衡？要考虑的关键问题如图7-3所示。

❖集权和分权的收益和成本比较。现场信息对做出正确决策是否非常重要？决策速度对保持企业的竞争优势是否非常重要？如果是的话，适当分权是必要的。

❖按照权力的性质决定权力的分配。与公司战略相关的权力需要集中，投机行为空间较大的权力应该相对集中。

❖根据业务的性质，看如何能更好支持目标的实现。如果是在一个有很多相关业务的集团公司中，相关业务的共享和协同更有利于公司优势的保持，比如组织结构的设计，就更适合集权的形式，可以在多个相关的业务之间更好地协同；如果是不相关业务的话，更适合相对独立的分权的形式。

图7-3 集权和分权寻求平衡的关键点

实际上，协作也是一种有效的工作方式，这在一些高科技初创公司中尤为常见，它们经常需要跨技术、跨产品、跨市场进行整合。在传统组织中，协作同样发挥着举足轻重的作用，比如通过设立跨层级、跨职能的特设任务组，所有成员在问题界定、问题解决等多个关键环节都能与其他组员进行充分的沟通与协作。此外，自我管理式的工作团队也是协作的重要体现，团队成员在没有主管监督的情况下，能够自我驱动、自觉工作，形成高效协作的工作氛围。

2.业绩评估

业绩评估工作的有效实施，离不开负责人员熟练运用科学的业绩评估方法和精细的财务控制手段。如若缺乏切实有效的业绩评估体系，不论是在集权还是分权的管理模式下，都可能催生机会主义现象，进而对组织的稳健发展构成潜在威胁。

业绩评估的依据，主要在于深入剖析"什么在实现战略的过程中创造了最大价值？什么对于目标的实现贡献最大？"此外，业绩评估的对象亦需明确界定，是侧重于评估单个负责人的工作绩效，还是全面考量部门整体的贡献度。在集团采用集权形式管理部门运营的背景下，鉴于资源共享与合作对公司整体发展的显著优势，合作行为在业绩评估中的权重应相应提升，以充分体现其在推动公司战略目标实现过程中的重要作用。而若公司采取分权管理的形式，对部门运营采取放手态度，仅基于客观业绩数据进行评估，则可能更为客观、公正地反映部门的工作成效。

3.激励政策

公平且合理的激励政策，方能确保管理人员心态平稳，为持久的发展注入源源不断的动力。在激励方式上，除了必要的物质激励外，还应包含多种形式的非物质激励，以全面激发管理人员的积极性和创造力。

在资源配置的过程中，确定配置资源的依据至关重要。尽管众多企业倾向于以历史业绩作为预算安排的基准，但依据 BCG 矩阵的分析，现金牛类产品往往成为资源配置的最大受益者。然而，从战略视角出发，明星类产品和问题类产品可能更需要获得资源的投入，以推动其发展和突破。因此，在资源配置过程中，我们应依据"什么最有助于未来战略的实现？什么最有助于达成组织目标？"这一原则，来合理分配资源，确保资源能够最大程度地支持企业战略目标的达成。

（三）组织诊断怎么做

在组织战略实施效果的评估中，必须审视"应该做的"与"实际做的"是否一致。为实现这一目标，可以借鉴威斯伯德六盒模型作为组织诊断的参考框架。

六盒模型涵盖了六大核心要素，即"使命/目标""关系/流程""组织/结构""支持/帮助""奖励/激励"和"领导/管理"。其中，"使命/目标"作为组织的根本宗旨，指引着前进的方向；"关系/流程"明确了成员间的互动模式和工作机制，促进协同合作；"组织/结构"则构建了组织的骨架，确保各项工作有序开展；"支持/帮助"体系为组织提供了必要的资源和保障，促进成员的成长与发展；"奖励/激励"机制则通过内外部的激励手段，激发成员的积极性和创造力；"领导/管理"则侧重于对任务的分配和盒子间平衡的把握。此外，模型还充分考虑了外部环境的影响，明确了组织所需的各种输入，如资金、人员、想法、设备等，并强调通过高效运作，将这些输入转化为优质的产品和服务，以实现组织的价值输出（参见图7-4）。

该模型暗含了两个重要的契合前提。其一，在于"声称要做的正式系统"与"实际发生的非正式系统"之间的契合；其二，在于"组织内部架构"与"外部环境因素"之间的契合。当这些系统之间的差异愈大，组织的运行效率便会相应降低；反之，差异愈小，效率则愈高。

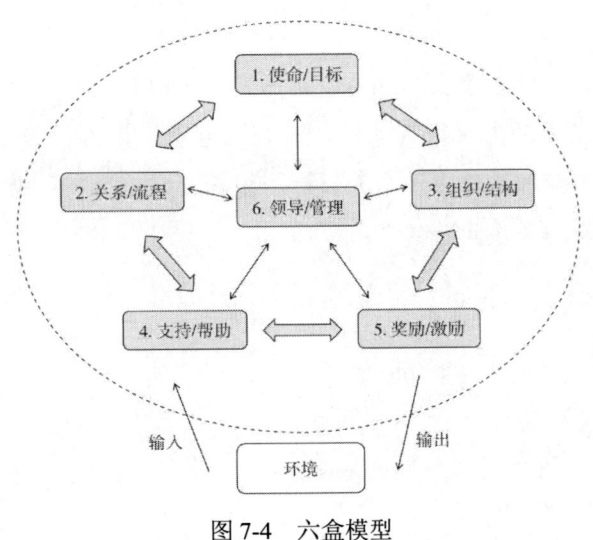

图7-4 六盒模型

（四）领导者如何自我诊断

在战略实施的整个进程中，领导者发挥着至关重要的核心作用。关于领导力的自我诊断，可以借鉴并参考 SAT 模型进行深度剖析。SAT 模型明确指出，领导力由三大核心要素构成：首先是自我认知 S（Self-Awareness），即领导者对自身特质、优势与不足的深刻理解和认识；其次是基本能力 A（Ability），涵盖领导者在战略规划、组织协调、沟通激励等各方面的综合技能；最后是信任协同 T（Trust），强调领导者在团队中建立信任关系、促进团队协作与共同发展的能力（参见图 7-5）。

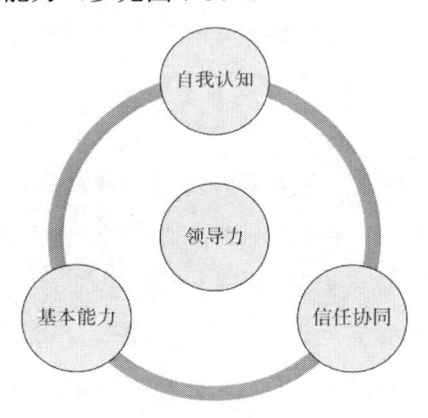

图 7-5　SAT 模型

1.自我认知

自我认知是领导者成长的基石，包括深入了解与细致反思自身兴趣所在、热情所在、内在驱动力、行为动机、核心价值观、个人优势与不足、内心所求与所避、时间管理策略以及个人目标与组织愿景之间的契合度等多个方面。以下是自我诊断的一些问题参考：

- ❖ 如果若干年后我实现了自己的理想，那时候我在做什么？
- ❖ 那时的我如何看待今天的自己？我会对今天的自己说什么？
- ❖ 过往的经历中什么样的人最让我钦佩？我最欣赏他们的什么特质？
- ❖ 我希望自己成为一个什么样的人？
- ❖ 我经历过的自己最成功的事情是什么？我是怎么做到的？
- ❖ 过往的经历中我认为最失败的经历是什么？当时发生了什么？
- ❖ 我人生中最重大的转折点有哪些？当时我想到了什么？
- ❖ 如果能高效地安排自己的时间，我会怎么安排？
- ❖ 我如何在"个人目标"与"组织目标"之间实现共赢？
- ❖ ……

图 7-6　自我认知自我诊断的问题参考

2.基本能力

基本能力是构成领导力的核心要素，建立在扎实的自我认知基础之上，领导力的有效发挥需依赖于一系列综合能力的协同作用，关于基本能力的自我诊断，可以参考如下问题：

- ❖ 我是否能够看到美好的未来？同时也能让其他人看到令他们激动不已的未来？这个未来是对组织里所有人都好的吗？
- ❖ 我是否能够与其他人建立紧密的协同关系？
- ❖ 我是否能够站在不同利益群体之上驾驭冲突？
- ❖ 我是否能够像赋能自己一样赋能他人？
- ❖ 我如何做到激励人心？
- ❖ 我是否能在高效行动中实现目标，拿到切实的成果？
- ❖ ……

图 7-7　基本能力自我诊断的问题参考

3.信任协同

信任协同是领导力的重要基石，领导力的核心在于通过施加影响以实现目标。在缺乏信任与协同的情境下，领导力的发挥将无从谈起，更难以推动组织的稳步前行，关于信任协同自我诊断的一些问题有如下的参考：

- ❖ 我怎么看待自己，我是一个值得信赖的人吗？我是一个表里如一的人吗？
- ❖ 其他人如何看我？他们可能的评价是什么？
- ❖ 我过往做过什么事情，使得别人能够信任我？
- ❖ 我做过什么有损信任的事情，如何改正？
- ❖ 我最信任的人是谁，他身上有怎样的品格？
- ❖ 如果足够信任，我会怎么做？
- ❖ 我在信任方面最需要注意的是什么？
- ❖ ……

图 7-8　信任协同自我诊断的问题参考

（五）战略实施过程中需注意的问题

在整个战略过程中，从明确战略意图开始，经历深入的战略分析，到精心制定战略决策，进而实施战略落地，并最终进行战略评估与回顾，这一系列环节均需要各个层面的有效沟通与对话。U 型理论为此提供了一个全面且系统的共创流程框架，该框架涵盖了共同启动、共同感知、共同自然流现、共同创造以及共同进化的关键步骤（参见图 7-9）。

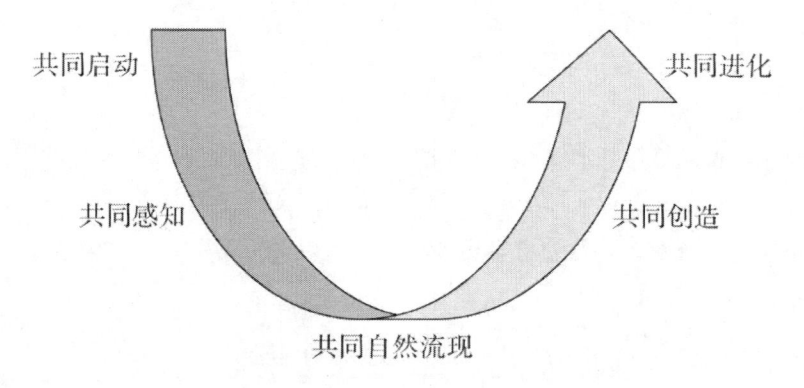

图 7-9　U 型理论的流程

在此框架中，一个核心观念在于"干预措施的成功与否，往往取决于干预者内在的心理状态"。因此，构建一个"跨界的场所"显得尤为关键，它能够集结所有关键利益相关者，推动他们展开富有成效的对话。然而，值得引起关注的是，这恰恰是当下众多机构所忽视的重要盲点。此外，在跨界对话开展之前，组织应先于其自身边界之内，深入开展自我对话与反思，这亦是当前组织普遍忽视的另一重要环节。

在面对多元利益相关者的不同观点、不同能力层次以及各不相同的利益需求时，领导者可能会遭遇诸多评判之声、嘲讽之声，这些都需要领导者坚定信念，勇敢超越。在此过程中要"打开思维，打开心灵，打开意志"。

1. 打开思维

打开思维，需要团队成员具备扎实的能力储备。若团队在整体层面上缺乏必要的知识和能力，那么基于这一层面的协同创新可能会面临难以深入的困境，更多地局限于表面现象，难以触及深层次的问题。在此情境下，单纯的开放式提问或营造宽松氛围可能难以有效解决问题。因此，领导者在推动团队创新时，有时需要发挥"带头示范"的作用，甚至采取"手把手教学"的方式，帮助团队成员提升能力水平。领导者首先要"拿起"一些先进的方法和技能，通过自身的实践示范，为团队成员树立榜样。随后，领导者要适时"放下"这些方法和能力，以启发和协同的方式引导团队成员进行更加深入、开放的探索。通过这样的过程，团队的创新活动将不再局限于"头脑一片空白"或"塞满过往经验"的局限，而是能够实现质的飞跃，达到更高层次的协同创新。

2. 打开心灵

打开心灵，需有与之相应的能量状态作为支撑。若领导者曾亲身体验并超越了对自我的审视、讥讽与恐惧，则更易洞悉并深刻理解那些令人不适的情绪与感受。这些感受，可能正是那些一直在等待被"辨识"的关键信息。一旦这些信息被准确接收，能量将重新焕发、流动，进而推动各项工作的顺利开展。

3. 打开意志

打开意志，离不开强大的精神支撑与坚定的意志品质。作为领导者，必须自身具备明确且坚定的愿景与使命，方能激发团队成员的共同追求与责任感；必须保持清醒的头脑，深刻洞察现实状况，才能引导团队成员正确把握形势，共同应对挑战；必须拥有宽广的视野，深刻洞察全局大势，方能引领更多人跳出局部，从更大系统中把握问题本质，共同开创事业新局面。在面对问题时，若能从更宏观的角度、更远大的愿景出发进行审视，许多问题或许将变得不再那么棘手。

路径篇

提升篇

领导力的强弱，其核心体现于识人、用人、沟通以及调整等多个关键环节：

　　用人方面，必须首先具备识人之智，通过深入考察与全面了解，精准把握干部的能力和特点，从而做到因岗选人、人岗相适，实现人才资源的优化配置。

　　沟通作为信息传递与团队协作的纽带，要求领导者能够清晰准确地表达意图，有效传达决策部署，减少信息失真和内部消耗。

　　调整是对领导过程的全局掌控，通过及时发现问题、分析原因、制定对策，确保各项工作始终沿着正确的方向前进。

　　通过不断优化这些关键环节，领导干部能够不断提升自身领导力水平，为党和人民的事业发展提供坚强有力的组织保障。

第八章　识人能力的提升

第一节　人的多面性

人是复杂多变的生命体，具有独特的思维和情感。因此，在与他人交往时，我们必须尊重并遵循人性的自然法则，以确保人际关系的和谐与发展。领导理论致力于探索如何提高组织效率、降低失败风险，在这一过程中，亦不能忽视人性的核心要素。深入研究领导理论时，我们应深刻理解人性的复杂性和多样性，挖掘人性的潜在价值，并将其应用于组织管理和领导实践中。只有充分理解和尊重人性，我们才能制定出更加符合实际、更具针对性的组织策略，从而提高组织的整体效能。

一、对人性的理解

关于人性的本质，根据百度百科，我们可以得出如下解释：人性本质可从狭义与广义两个层面进行解读。狭义来讲，人性指代的是人所独具的、区别于其他动物的本质心理属性；广义来讲，人性涵盖了人类普遍共有的心理属性，其中亦包含与动物所共有的部分。无论是狭义还是广义的人性本质，它们均属于人类与生俱来的心理特质，非后天形成，而是根植于人类的天性之中，作为无条件反射而存在。

人性的讨论是一个跨越时代的重要议题，中国古代哲学家尤其以孔子为代表，对人性进行了深入探讨和区分，认为人性有先天和后天之分，强调了其可塑性。在社会中，对人性善恶的争议依然存在，不同观点反映了人们对人性本质的不同理解。

现代西方社会学从人类认知与沟通关系的角度出发，经过深入研究得出结论：无论种族、肤色如何，全人类的人性都具有共通性。不同种族之间，尽管文明程度存在差异，但对相同事物的认知路径和结果大体上趋于一致，这为人类间的相互交流与理解奠定了坚实基础。基于此，西方社会学者长期跟踪研究婴儿的成长过程，进而得出人性是进化的产物的结论。从历史的视角审视人性，我们不难发现，人类祖先在恶劣环境中的生存渴望、部族争斗中对胜利的向往、对伴侣的追寻、对部族地位的关注以及对同类的同情之心等情感表现，与现代人类并无二致。因此，我们认为，人性是由人的基因所决定的，其善恶特质与生俱来，是自然界进化与发展的必然结果。

由此可见，人的基因中本身就蕴含着善与恶两种人性特质，这是一种固有的、不以人的主观意志为转移的客观存在。而人性是否能够在个体身上得以完全展现，则受到后天养成和成长环境的深刻影响。

人性的后天培育与认知过程之间存在紧密的内在联系，这正如古人所言"近朱者赤，近墨者黑"。认知，作为个体对接收信息的加工与理解过程，不仅是人类生理与心理活动的基石，更是智慧之源。通过感官接收外界信息，这些信息进而反馈至大脑，经过复杂的加工处理，转化为意识中的抽象概念。这一过程中，认知不仅完成了对外界信息的内化，更通过抽象概念与客观实际的对比判断，指导着人的行为表现。因此，人性的后天养成，实则是基因因素与认知过程相互作用、共同影响的结果。

二、人性多面性的表现

在探讨领导理论中有关人性的多面性研究时，我们首先深入剖析人性的本质特性以及影响其形成的先天性因素（即善恶基因）与后天养成过程，此举显得尤为必要。因为唯有从理论层面全面而系统地梳理影响人性形成的诸多要素，我们才能真正洞悉人性的复杂性和多面性。对于人性中先天性所蕴含的既有天使般的善良一面，也有魔鬼般的邪恶一面的本质认知，无疑为我们深入研究人的多面性提供了坚实而真实的基础，避免了虚假和片面的预设。

在组织运作的核心环节——"选人用人"过程中，德、能、勤、绩、廉等要素缺一不可。其中，人性的多面性在德的维度上表现得尤为突出，它涉及了善与恶两个方面的交织与冲突。从宏观的角度来看，人性如同光谱一般，从至善到大恶，呈现出一个连续的、复杂的变化过程。然而，我们必须清醒地认识到，这种极端的至善与大恶，在现实生活中往往只是少数个案，更多的是存在于人们的想象和理念之中。

现实生活中，大多数人的人性表现都介于小善与小恶之间。他们既有善良、正直的一面，也有自私、狭隘的一面。这种多面性的人性，使得我们在选人用人时，需要更加全面、深入地了解个体的性格特点和行为方式。此外，我们还应认识到，每个人都有保护自己免受伤害的本能。这种本能有时会导致人们在某些情况下表现出小恶的一面。因此，在选人用人时，我们既要看到个体的潜力和优点，也要警惕其可能存在的缺点和不足。以下，我们将从多个维度出发，深入探讨人性多面性的基本表现，以期在选人用人工作中更加精准地把握个体的特点和需求，为组织的长远发展提供坚实的人才保障。

（一）宽己严人

在成长过程中，我们所接受的教育始终贯穿着"严于律己，宽以待人"的核心理念。然而，在现实生活中，我们不难发现，许多人往往陷入"严于律人，宽以待己"的困境。从人性及心理学的视角出发，这种现象的存在有其合理性。人类不仅存在选择性认知的问题，更存在选择性认同的问题，尤其在普遍发生的事件中更为显著。我们应深刻认识到，任何总结都涵盖主客观两方面的因素，而人性正是在不断的认知与总结中得以发展变化。

人性天然存在一种认知与认同的倾向：在自我审视时，往往倾向于从客观方面寻找原因；而在评价他人时，则更容易在主观方面发现问题。若能正确理解和把握这一现象，我们的工作将更具针对性和实效性，避免陷入形式主义的误区，减少那些隔靴搔痒、华而不实的举措。

（二）亲疏有别，内外有异

人性的形成，除了先天固有的善恶属性外，亦深受后天家庭教养、环境熏陶及社会风气等多种因素的影响。在往昔知识传播渠道较为有限、知识资源相对匮乏的时代，人性的后天塑造主要依赖于乡规民约的约束与言传身教的教育方式。此种方式与自然人性相互融合，进而形成独特的人际交往圈子。在这种背景下，"亲疏有别，内外有异"的观念自然而然地成为人性的固有成分，这在我国的传统文化中实属正常逻辑。

例如，在传统人伦观念中，"父为子隐，子为父隐"的说法即体现了父子之间，尤其是儿子对父亲应持有的包容与尊重态度，不宜揭短，更不可轻易告发。再如在"选人用人"方面，有"内举不避亲，外举不避仇"的原则。从人性观察的角度来看，外举不避仇较易实现，既能化解恩仇，又能赢得声誉；而内举不避亲则相对较难践行，因其有违"亲疏有别，内外有异"的人性常态，即便所举荐之亲属极为优秀，亦难免引发外界的非议与质疑。

（三）口是心非

关系与面子、利益与得失，实乃人际关系的核心要素，亦为人性修养的重要体现。人类作为社会性动物，无时无刻不在与他人形成错综复杂的关系网络。为维护此类关系，妥善处理他人的面子问题显得尤为关键。在我国，面子问题往往被视为敏感且需谨慎处理的领域。为了维系和谐关系、尊重他人尊严，人们有时需要适当调整言辞，即使"口是心非"，亦属情理之中。

（四）言过其实

无论是在公务活动中还是在日常生活里，我们常常会观察到一种现象，即在集体中总有部分人就某些议题发表长篇大论。特别是在政治生态有待优化、小道消息泛滥的情境中，这些人往往展现出一副无所不知、深不可测，甚至似乎能触及高层的形象。通常情况下，适度的夸张和夸大其词在一定程度上能够满足个体的心理需求，只要控制在合理范围内，通常不会造成严重的负面影响。然而，在组织运行的过程中，言过其实、夸大其词所带来的潜在风险却是难以估量的。因此，领导者必须对此现象保持高度警觉，并进行深入分析和妥善处理，以确保组织运作的规范性和有效性。

人性的多面性中，存在诸多倾向于小恶的表现，诸如掩饰过失、敷衍塞责、贪功避过、夸大其词等。对于这些复杂多变的人性表现，一方面，我们务必保持清醒的认知，深刻理解其内在机理；另一方面，我们亦需以理性平和的态度对待，避免草木皆兵、过度敏感。

领导理论指出，人性的多面性并非简单的善恶之分，也并非直接与品质的好坏紧密相关，而是客观存在的一种现象。无论我们是否喜欢或认可，只要有人存在的地方，人性的多面性就会如影随形。因此，我们应正视这一现象，以更为成熟和理性的态度来应对和处理。

此外，基于心理学与行为科学的研究表明，人性多面性的特征在各个社会阶层中均普遍存在，无一例外。因此，在领导实践过程中，领导者应秉持一颗平常心，理性对待、细致甄别并有效管理人性的多面性。在组织的运作过程中，领导者需要深入剖析、透视复杂表象，挖掘人性多面性背后的真实本质，从而精准选拔出能够胜任重要职责的各类人才。

深入研究和认清人性的多面性，无疑是领导理论研究的重要任务之一，但这仅仅是迈向成功的第一步，如何将这一理论成果切实应用到领导实践中去，仍然需要我们付出大量努力与探索。这既涉及领导理论研究的进一步深化，也要求领导者在实践中做到学用结合，并深刻感悟其中蕴含的丰富内涵。

第二节 德才兼备之"痛"

一、现代人才标准

人才问题是组织运作的关键环节，具有至关重要的地位。人才标准的制定与实施，是组织运作中既具有深厚理论内涵又极具实践操作性的复杂课题。在人才的标准上，理论标准与实践标准之间存在明显差异，有时甚至呈现出截然相反的情况。

正常的人才标准可以概括为以下几个方面：①具备崇高的道德品质与高尚的情操，即德行优秀。②学识渊博，具备某些领域的专长，行事讲究科学方法，效率显著，洞察力和创造性思维卓越，即才能出众。③吃苦耐劳，勤勉敬业。④情商出众。

前三个标准是传统环境下对人才的基本要求与基本标准。而第四个标准，则在当今社会人际交往日益频繁、人际关系日趋复杂的背景下，成为衡量一个人能否胜任工作、取得成就的关键因素，因此，也被视为现代人才标准的重要组成部分。

情商（EQ），即情绪智力，是心理学提出的重要概念，与智力和智商形成鲜明对比。它主要包含五个方面：自我情绪认知、情绪管理、自我激励、他人情绪识别以及人际关系处理。因此，情商主要体现于个体在生活、工作、社交等人际活动中的抗挫能力、情绪管控以及氛围营造等方面。

研究结果显示，个体的成功，仅有两成与智商紧密相关，而高达八成则取决于情商之高低。美国哈佛大学著名教授丹尼尔·戈尔曼曾指出："情商是决定人生成功与否的关键。"由此可见，情商作为一种能力，本身并无正邪、善恶、好坏之分。然而，在实际生活中，情商的高低往往体现在个体的为人处世之中，与个人的道德品质紧密相连，无法割裂。

二、德与才

（一）德

在中国传统文化中，"道"作为核心概念，既代表着自然世界运动变化的内在规律与真理，也是人类凭借本能欲望进行实践活动的指引，而非仅仅依靠理性思维的产物。而"德"则是从人的角度出发，对"道"的精髓进行提炼和诠释，构成了人类社会的基本行为规范和道德准则。

人应当顺应自然法则、社会秩序和人类共同体的需求等客观实际来行事，通过深入理解和把握自然规律、社会发展趋势，不断提升个人的道德品质和精神修养，积极参与社会建设并贡献自己的力量，这正是"德"的集中体现。在个人的成长道路上，当"德"尚未内化为坚定的生活准则和行为习惯时，追求快乐的本能欲望往往成为导致失"德"的诱惑，而逃避痛苦的本能反应则可能成为失"道"失"德"的驱动力。因此，成为一个真正遵循"道"的原则、恪守"德"的规范的人，并非易事。这需要我们在日常生活中不断锤炼自己的道德品质，提升个人修养，逐步将"道"与"德"的理念内化于心、外化于行，最终实现个人和社会的和谐共融。

在古人的哲学观念中，"道"作为宇宙间最本质的规律，既无具体形态又无声音，它超越了人类感官的局限，无法直接以视觉、听觉或触觉去把握。然而，我们却可以通过观察自然的运转、体验生活的点滴，以及对人类社会的深入思考，来间接地领悟"道"的真谛。

与此同时，"德"作为"道"在人类社会中的具体展现，不仅是我们对"道"的理解和感悟的体现，更是我们行为规范和道德品质的体现。它既是连接我们与"道"的桥梁，也是我们实现自我提升和精神成长的重要途径。因此，如果缺乏"德"的修养和践行，我们就无法真正深入理解和领悟"道"的精髓，更无法实现真正的"悟道"。这充分说明了"德"与"道"之间的紧密联系，以及"德"在我们认识和理解"道"的过程中所起到的关键作用。

"德"不仅是社会主流思想所认同的个体乃至全社会应具备的优秀内在品格和价值观，而且在老子的思想中得到了淋漓尽致的体现："圣人常无心，以百姓心为心。善者吾善之，不善者吾亦善之，德善。信者吾信之，不信者吾亦信之，德信。"在圣人眼中，无论对象是善是恶、是信是疑，皆能以己度人，一视同仁。由此可见，"德"乃是从人的内心情感或信念中提炼出的至高境界，在人伦世界中，则具体表现为人的本性、品德。在儒家思想体系中，"德"可概括为忠、孝、仁、义、温良、恭敬、谦让等诸多美好品质。

（二）才

才，作为人的天赋、智慧以及能力等力量要素的综合体现，具有深刻的内涵与意义。在探讨人的德才标准时，德作为人的品格与价值观的综合体现，主要反映在人的精神与内心世界层面；而才，则是人在社会实践中所展现出的处理各种事务的"软""硬"两种力量的综合，更多地体现了人的外部性与客观世界的互动与表达。

"才"作为个体所具备的"软"与"硬"两种力量的总和，其本质并不具备固有的好坏、善恶属性。因此，"才"的力量只有在具体作用对象上得以体现，并根据个体或所属组织的价值观产生实际效果时，方可区分出其正面与负面、善与恶的属性。

在一般人的观念中，往往认为人的品格与价值观，即"德"，与其知识修养、经历见识，即"才"，应呈现出正相关的关系。从普遍且善良的意愿出发，这种看法似乎合情合理。然而，若深入探究"德"与"才"两个要素的本质内涵，便会发现二者之间并非必然成正比。

根据大数定理所揭示的普遍规律，社会各阶层中，无论人数多寡，好人、中性与坏人的分布比例始终保持着一种相对稳定的态势。因此，我们既能在市井之中见到品行不端之徒，也能在庙堂之上发现道德败坏之辈，这种现象自古以来屡见不鲜。

因此，我们必须深刻认识到，一个人的品德和道德观念比其才华和能力更为重要。我们应该积极倡导和弘扬正义、善良和道德的力量，以遏制邪恶和不良行为的滋生。同时，对于任何形式的邪恶和不良行为，我们都应坚决予以打击和制裁，以维护社会的和谐稳定。

（三）德才关系

才学与品德错位，古今皆有所见。品德作为个体的核心特质与价值取向，其形成是一个渐进且持续的过程，一旦成熟定型，通常难以发生显著变化。然而，任何事物均存在特例。即便某些人的品格与价值观在完全确立之后，亦有可能经历根本性的转变，这样的个案在古今中外均不乏其例。

关于人才标准的探讨，其中"德"与"才"之间的关系尤为错综复杂。就"才"而言，我们可以通过观察个体的天赋、勤奋程度以及所受师承等因素，对其发展趋势进行初步判断，甚至对其最终可能取得的成就进行预测。然而，"德"的评判却远非如此简单。

"德"作为个体内心世界的体现，属于价值观的范畴，其复杂性和难以捉摸性远超过"才"。因为"德"并没有像"才"那样明确的规律可循，更由于奸恶的价值观往往被个体深藏不露，而违背公序良俗的道德瑕疵也不会轻易显露于外。因此，如何准确判断一个人的"德"成为一项极具挑战性的任务。

此外，"德"与"才"之间的交叉影响更是增加了评判的难度。正所谓"一俊遮百丑"，若以"才"为俊，以"德"为丑，那么当一个人的才华出众时，其道德瑕疵往往容易被忽视或掩盖，从而给人才评价带来困扰。因此，在人才评价过程中，我们必须充分认识到"德"与"才"之间的复杂关系，既要注重才能的考察，也要加强对品德的评判，确保选拔出的人才既具备扎实的专业素养，又拥有高尚的道德品质。

自古以来，历代君主皆将德才兼备视为选拔与任用人才的核心标准。德才兼备不仅代表着对人才的至高追求，更是选拔人才工作的终极旨归。然而，在实际执行过程中，德才兼备的理想状态往往难以完全实现。

在德与才的权衡抉择中，历代统治者多倾向于将德行置于首位，恪守以德为先的选拔原则。当面临才能卓越但德行有亏，或德行卓越但才能稍逊的人才时，若两者难以兼得，通常倾向于舍弃才能而选择德行。这是因为，一个人的品德若端正，即便其能力稍显不足，也仅仅可能导致事务处理不够妥善，而不太可能给国家带来严重危害。反之，若一个人能力出众但品德败坏，则可能如豺狼般给国家带来混乱和危害。可以说，"德""才"兼备是我们共同的期许，但在实际落实过程中，却往往成为我们面临的难题与挑战。

第三节　识人之法

人才的评判，核心在于"德"与"才"两大要素。这两个要素看似简单明了，实则内涵深远，真正将其落到实处并非易事。因此，领导理论需进一步将人才的"德""才"标准具体化，以便更好地指导实践。在此基础上，我们应通过科学的方法、系统的过程以及明确的步骤，对这些标准进行近似量化的评估，以精确掌握人才的"德""才"水平。唯有如此，在人才选拔和任用时，方能真正做到以才选人、以能定岗，确保人才资源得到合理配置和充分利用。

一、诸葛亮的识人标准

关于人才的"德""才"标准,其要素究竟包含哪些内容呢?在此,我们深入剖析备受世人尊崇的"智圣"诸葛亮所提出的人才思想。诸葛亮以"志、变、识、勇、性、廉、信"这七个字作为评判人才的核心标准。

从人才的"德""才"双重维度出发,这七个字中,志、廉、信三者无疑构成了"德"的标准。其中,"志"体现了人才的志向与抱负,"廉"则强调了人才的廉洁自律,"信"则凸显了人才的诚信品质。而变、识、勇三者则属于"才"的范畴。其中,"变"代表了人才的应变能力和创新思维,"识"体现了人才的见识与洞察力,"勇"则彰显了人才的勇敢与决断力。

针对这七个字,诸葛亮在其所著的《知人》一文中,详细阐述了识人的方法。这些方法不仅具有深刻的理论内涵,而且具有极高的实践指导意义,对于我们今天选拔和培养人才仍然具有重要的参考价值。

(一)问之以是非而观其志

是非,通常是指事物道理的对错与正误,有时亦涵盖言语之争的含义。古籍《礼记·曲礼上》有载:"夫礼者,所以定亲疏,决嫌疑,别同异,明是非也。"这表明了礼仪在明晰是非界限中的重要作用。而《庄子·齐物论》中"彼亦一是非,此亦一是非"的论述,则是对是非观念进行了深入的哲学剖析,揭示了人人皆处于是非之中,并持有各自观点的现实。庄子的思想,为领导者在识人用人方面提供了宝贵的启示。首先,志向远大之人,往往不汲汲于口舌之争中的是非曲直,而是在大是大非的问题上坚持原则、立场坚定。相反,那些平庸之辈,往往在大是大非面前缺乏主见,却对琐碎的口舌之争斤斤计较、睚眦必报。因此,领导者在选人用人实践中,可以巧妙地以市井问题或热点事件为契机,与考察对象展开讨论。通过这一过程,必然能够洞察其人的志向与品格,从而为选拔优秀人才提供有力依据。

在日常交往中的是非与热点问题应对中,如何洞察一个人的志向呢?首要之务,便是观察其应答的态度:回答时表现出庄重与肯定者,其是非观念清晰而坚定,足见其志向非凡,大多不会为蝇头小利而折腰,实为可造之才,值得期待；而回答时显得急切、仓促、犹豫不决者，则表明其是非观念尚存动摇，尚未形成稳定立场。此类人志向平平，能力一般，至多属于中等偏上水平，可平常对待、平常使用；至于应答时态度轻慢、言辞闪烁者，显然缺乏明确的是非观，其志向仅限于满足基本生活需求。

此外，还需关注其见解的深度与独特性。见解深邃者，必然思想丰富，其世界观与价值观坚定不移，志向自然高远；见解独到者，拥有自己的世界观与价值观，志向远大；而见解一般者，虽其世界观与价值观尚未形成鲜明特色，但志向也相对明确。

（二）穷之以辞辩而观其变

变，即应变能力，特指个体在面临意外情况时展现出的灵活应对能力。此处的变，应基于原则、有理有据、逻辑清晰，而非狡辩诡辩之辞。因此，在通过言辞辩论考察其应变能力时，亦可同时审视其德行与操守。凡言辞中充满诡辩、狡辩者，往往偏离正道，易陷入心术不正之境。

通过细致入微的言辞辩论来洞察其应变能力，是辨识人才的一种重要方法。善于灵活应变者，是堪当重任的杰出人才。那么，我们又该如何通过变化之变来辨识人才之"才"呢？这主要从以下四个关键要素进行考量。一是迅捷，意味着在变化发生之际，不能有过多迟疑，更不能造成场面冷寂；二是决断，要求应变之答坚决果敢，最好能令设问者感受到其不容置疑的决断魄力；三是精准，即应答需紧扣主题，一语中的，避免泛泛而谈；四是透彻，表明被设问者的见识深远，相关问题已无需进一步探讨。因此，若被设问者能够在迅捷、决断、精准、透彻这四个方面均展现出卓越的表现，则必定是一位具备非凡才能的优秀人才。

（三）咨之以计谋而观其识

我们所说的"见多识广"，实则是对一个人才能的高度认可。拥有广博的见识，意味着能够通过类比等科学方法，探寻出解决特定问题的有效途径，而这些途径便构成了宝贵的计谋。因此，在面对问题时，即便已有解决之道，我们仍可向被考察对象征询意见，此举或许能够产生"一箭双雕"的积极效果：一方面可以进一步修正和完善解决问题的策略，另一方面也能借此考察被考察对象的识见和素养。然而，识见仅仅是评价人"才"的一个方面，若要全面评估其是否具备可用之才的潜质，还需结合其"德"的表现进行综合考察。

咨之以计谋，观其识，其核心在于大势研判、中局谋划与细节把握三个层面。在深入剖析个体见识的过程中，应着重把握以下关键要点：在剖析大势时，须避免泛泛而谈、游离无依，确保论述具有明确指向性和深刻洞察力，避免产生听之动容、思之无物的情形。在阐述中局时，应确保条理清晰、逻辑严密，重点明确，避免次序颠倒、步骤混乱，以彰显严谨细致的规划能力。在探讨细节时，务必关注环境变化、地理特征等实际因素，确保人员调配、资源配置科学合理，装备物资清晰明确，以展现精准务实的执行能力。

一般而言，多数人在剖析大势时易随波逐流，缺乏独立见解；在谋划中局时，往往心中无谱，缺乏系统思考；在关注细节时，则可能疏忽大意，难以做到周密完善。因此，通过这几个方面的综合考察，可较为准确地判断一个人的见识水平。

（四）告之以危难而观其勇

在人生的征途上，任何个体都有可能遭遇急难险阻，这些时刻往往成为检验个人品质与能力的关键时刻。勇敢作为一种品质，通常与危难的挑战紧密相连。然而，我们必须清醒地认识到，对于危难的认知程度以及面对生死危难的勇敢表现，其间存在着深刻的本质区别。因此，在评价一个人的勇敢品质时，必须将其置于具体的危难环境中进行考察，以揭示其真实而深刻的勇气内涵。

一般而言，危难往往伴随着巨大的风险与挑战，然而其凶险程度却各有不同。有的危难虽险象环生，却仍有转机之可能；有的则仿佛陷入绝境，除非奇迹降临，否则难逃九死一生之险；还有的则是必死无疑，绝无侥幸逃脱之余地。面对这些不同类型的危难，不同人的反应与表现往往能深刻反映出其"勇"的内涵与特质。

那么，如何从面对危难时展现出的勇气来识别真正有勇气的人呢？首先，真正有勇之人必定是定力超群，他们不仅不会因为知晓危难而慌乱失措，即便是面临即刻赴死的情境，也能保持镇定自若。其次，勇气并不仅仅体现在从容赴死的自觉上，更需要具备以死救难的壮烈精神。以红军长征时期飞夺泸定桥战役为例，红一军团二师四团一营二连的 22 名突击队员，面对波涛汹涌的大渡河、艰险的铁索桥以及对岸敌人的枪炮阵地，他们毫无畏惧，挺身而出，慷慨赴死，最终以 4 名队员的英勇牺牲，为红军打开了长征路上最为艰险的通道。最后，勇气还需体现在从容赴死的准备过程中。勇气是在面对常人难以承受的重任时展现出来的，因此，勇气并非简单地意味着赴死，而是需要将任务转化为切实可行的计划，并付诸实践。在我国历史上，专诸、要离以及荆轲等人都是这一方面的杰出代表。因此，勇气应当包含以下要素：从容不迫、平静如常、心智不乱。

（五）醉之以酒而观其性

常言道："酒后吐真言。"当个体饮酒过量时，其深层个性特质往往得以显现，日常所抑制的言语和行动，此时可能不加掩饰地流露出来，呈现出一种与日常截然不同的状态，此即所谓"酒壮怂人胆"。为深入了解一个人的品性，观察其醉酒后的表现不失为一种简洁而有效的方法。若某人日常表现稳重可靠，然一旦醉酒便举止失态，甚至狂乱无状，做出令人瞠目结舌之事，则此人可能表里不一，善于掩饰真实面貌。对于此类个体，我们应当保持审慎态度，不宜深交。古人云，一个人的酒品往往能在很大程度上映射出其人品，此言非虚。因此，我们在人际交往中，应当注重观察个体在不同情境下的表现，以更全面、准确地了解其真实品性。

（六）临之以利而观其廉

古语云："公生明，廉生威。"行事若出于公心，则必清明无私，不为私情所惑；若能廉洁自律，则必在群众中树立崇高威信。然而，亦常有言："常在河边走，哪有不湿鞋。"故而，面对利益诱惑，这不仅仅是对个人是否心存贪念的考验，更是对如何在合法合规的利益与道义之间作出明智取舍与判断的挑战。因此，在诸多情境中，廉洁自律远非仅仅是不贪不占那般简单，它更需超越"君子爱财，取之有道"的古训，向着更高尚的大义迈进。此法的精髓在于一个"临"字，即是将"利"置于眼前，而能不为所动，坚守道义，始终如一。

（七）期之以事观其信

一个人的诚信品质，并非轻易可见，而需要通过实际经历和事件的考验来全面评判。在现实世界中，由于各种复杂因素的影响，我们很难找到一个完美场景来全面检验一个人的诚信。因此，为了有效观察和评估一个人的诚信度，我们需要探索一套具有可操作性的方法。具体而言，以下几个方面的考量因素值得我们深入探讨和研究。

一是以时间点为信。举例来说，如双方商定在几个小时或数日之后的特定时刻集结，那么，约定者是否能够按照预定时间如期出席，则直接反映了其是否具备诚实守信的品质。

二是期以小事而观察人是否有信。一般而言，重大事务与关键要事并非频繁出现，同时，这些重大事务亦不能轻率地委托给他人。倘若个体能在细微之处坚守诚信，那么，未来在重大事务与关键要事上的表现必然值得期待。常言道：一屋不扫，何以扫天下，此语深含哲理。对于细微之事的期许，应当设定合理的时间跨度和明确的具体要求，否则，便难以准确评判其"诚信"的深浅程度。

二、曾国藩的识人标准

如果说诸葛亮以一己之力成就了刘备蜀汉政权与魏、吴的鼎立之势，那么，曾国藩则以一己之力挽救了摇摇欲坠的大清王朝。曾国藩在识人用人方面的独到之处，可归结为：首重品德，次观度量，再察才能，具体表现为"忠、敬、能、知、信、仁、节、态、色"等诸多方面。其中，忠诚、敬重、信守可归入品德范畴；仁爱、节操、仪态、神色则体现于度量之中；而才能与智慧则属于才能领域。曾国藩在识人用人方面的策略丰富多样，具体如下。

（一）远使之而观其忠

古人云：天高地阔，皇权难及，此语意在揭示距离之远，方能洞察人心之真伪，鉴别其是否易于放纵私欲、滋生骄矜之气。故而，远观之，可鉴其忠诚之心。此法之关键在于"使"字之运用：一则为任用之使，即委以重任，外放为官；二则为差遣之使，即布置任务，观其行止。

（二）近使之而观其敬

将需要考察的对象置于身边工作，以便进行近距离的观察，是深入了解其德行品质的一种重要手段。此举之所以有效，源于古训"行己莫如恭，自责莫如厚"所蕴含的智慧。个体在领导近身工作环境中长期浸淫，容易滋生骄傲懈怠之风气，进而逐渐显露出其本质中潜藏的问题与瑕疵。因此，在运用此种考察方法时，关键在于秉持三个方面的敬意：一是对领导及其家人的敬重，二是对领导同僚的尊重，三是对领导下属的关爱与敬重。具体来说：

一敬领导，包括本人及家人。通常情况下，在领导身边长期工作，会增进彼此的了解，进而拉近彼此的关系。当领导表现出平易近人的态度时，部分同志可能会因此放松自我约束，行为举止显得过于随意，意在彰显与领导之间的亲近关系。更为严重的是，个别人甚至会表现得轻浮不敬，无论在何种场合、人前人后，都过分亲近领导，完全缺乏应有的敬重与礼节。

对领导及其家人失敬，已非简单的礼仪问题，而是反映出个人道德修养的严重缺失。这种自我膨胀、失德失范的行为，一旦蔓延至高位、掌握大权，将带来难以预料的恶劣后果。同时，我们也不能忽视领导自身或其家人可能存在的问题。如果领导身边人出现不尊重领导及其家人的情况，也可能是领导自身存在问题，或者领导家人发现了某些问题。这表明，领导自身也可能存在德行与职位不相匹配的问题，需要我们高度重视并加以纠正。

二敬领导同僚。有些在领导身边工作的人员，对领导本人表现出应有的尊重和礼貌，但在与领导同僚、特别是那些性格谦和的副手交往时，却显得过于傲慢，言谈举止中流露出一种颐指气使的态度。这种行为不仅可能给自己招来敌意，更有可能给领导带来负面影响，甚至使领导陷入危险的境地。

三敬领导下属。领导下属通常会将领导身边的工作人员视为领导的代表，尽管存在身份差异，但与领导的普通副手相比，他们可能会受到更多的关注和尊重。因此，对待领导下属及其他人的态度，是检验在领导身边工作的人能否正确认识和定位自身角色的重要标准。

（三）烦使之而观其能

一个人的能力如何，必须通过实践来进行全面而严谨的检验。此处所指的"使"，正是实践的具体体现。关于此法的法"眼"，关键在于一个"烦"字，其内涵有二：其一为"频繁"，即多次进行、持续较长时间，以充分展现个人能力的深度和广度；其二为"同时"，即在同一时间段内安排多个任务，以此检验个人的多任务处理能力。这两种情境均能有效考察个人的综合能力、协调能力以及抗压能力，从而为其能力水平提供全面而准确的评估。

（四）卒问之而观其知

此法与诸葛亮识人七法中的第三法有着异曲同工之妙。此法的关键在于"卒"字，即强调突发情境下的反应。一个人的见识深浅，往往体现在毫无预兆之际，其面对问题所展现出的应对策略与答案之中。这既是对其见识能力的检验，同时也是对其个人气质的直观展现。

（五）急期之而观其信

此情形与诸葛亮识人之法中的第七法颇为吻合，且据史书记载，庄子亦曾提及此法。此法之精髓在于"急"，即于紧急事务之际或面临急迫状况之时与人相约。若因一般领导之约而置紧急事务于不顾，进而失信于人，则显露出其在守信方面的瑕疵。

（六）委之以财而观其仁

此法与诸葛亮识人七法中的"临之以利而观其廉"所蕴含的哲理颇为相似，其核心要义皆在于将待考察者置于利益之境，从而审视其廉洁自律之操守。虽然财与利在概念上有所关联，但利涵盖的范围更为广泛，不仅局限于物质财富，更包含各种形式的利益诱惑。

（七）告之以危而观其节

此法与诸葛亮识人七法中的第四法是相同的。

（八）醉之以酒而观其态

此就是诸葛亮识人七法中的第五法。

（九）杂以处之以观其色

俗话说："男女搭配，干活不累。"这充分体现了男女之间合作的重要性，有助于提升工作的活力与效率。这一方法旨在评估个体对于"色"的态度。爱美之心，人皆有之，但无论是男性还是女性，过分好色或过于沉迷于浪漫生活，都是阻碍个人成就的重大缺陷，应予以警惕并予以纠正。

（十）观其好恶而知短长

此法着重通过日常工作中的细微之处以及八小时工作之外的个人爱好，深入剖析个体的长处与短处。个人兴趣爱好的选择，各有偏好，而这些偏好往往与个体的品德修养紧密相连。个体的兴趣爱好虽有雅俗之分，但过度追求任何爱好都可能失衡。一般而言，过度沉迷声色者情操难高尚。而无论是靡靡之音还是黄钟大吕，若非具备专业知识与技能，却深陷其中，均难以保持崇高的志向。因此，分析好恶需结合人生观、价值观和世界观，全面评价个体品质。

（十一）观其交友而知贤肖

常言道："物以类聚，人以群分。"一个人的社交圈子，特别是他所亲近的朋友类型，往往能够深刻反映其人生观和价值观的取向。如若一个人的社交圈多为赌徒之辈，则其难免沾染赌博之习气；若其常常流连于声色场所，则难免引起好色之嫌。由此可见，一个人的交友选择，实则在很大程度上决定并反映其人性本质。

（十二）举其所美观其所终

爱美之心乃人性之常，此中之美，绝非仅指容貌之妍媸，更涵盖自尊之美。故而，世间不乏阿谀奉承之徒，皆因美其自尊之心人皆有之。纵是伟人，亦难在此事上保持清醒之头脑。曾国藩之法，在于洞察人之所好，举其所美，观其是否适度。此度，可展现为欣赏、研究、着迷，乃至如痴。无论何等高尚爱好，一旦陷入着迷、如痴之境，其负面影响都不容忽视。

历史与现实皆昭示，因爱好成痴而招致家破人亡、身败名裂者不乏其人。因此，我们当以此为鉴，于爱好之中保持理性与节制，避免走向极端，方能真正领略美的真谛。

（十三）废其所恶计其所穷

曾国藩的识人法所阐述的，乃是人性之普遍，即人非圣贤，孰能无过？若能知错能改，则善莫大焉。因此，在考察一个人的品质时，我们亦可从其不良习惯切入，借此观察其意志坚定与否。此法的精髓，在于"废"，此乃外力作用，亦对考察者提出了一定的要求。换言之，领导者需具备慧眼识人之能，既能指出其"恶"，又能给予其改正的机会，并设定时限以观其变化。如此，方能在一定时间内得出结论，判断其是否具备一定的意志力。

综上所述，无论是诸葛亮的识人用人之道，还是曾国藩的识人十三法，都是通过一系列科学方法甄别个体的道德品质与综合能力，虽看似简短，实则博大精深。在具体实践中，这些识人方法的运用既依赖于识人者自身的德才修养和随机应变能力，也与被识者的德才水平及现场表现密切相关。此外，第三方的角色和外部环境因素亦可能对其产生重要影响。可以说，识人之道如同戏法，人人皆可施展，但各自门道不同，关键在于运用者的智慧与技巧。

我们深入研究领导理论，绝非仅仅是将古人智慧的结晶简单罗列，而是通过深入剖析这些内涵，揭示其中的内在规律，使领导理论真正服务于领导实践，发挥其实际效用。这样，我们不仅能够提高领导体系在选人用人方面的效率，更能有效防止奸邪之徒混入领导队伍，从而确保领导体系的纯洁性和高效运作，为推动党和人民事业的发展提供坚实保障。

第四节　才能之度

在领导实践中，识人艺术扮演着至关重要的角色，其核心目的在于协助领导者通过工作和生活中的细微之处，深入洞察个体的道德品质和才华潜能。一般而言，德才兼备被视为领导者选拔人才的理想准则。关于德才兼备的重要性，我们在本章第二节已进行了详尽探讨，在此不再赘述，而是把重点放在才能与位置相配的问题上。

我们常言，某人德不配位，意指其在道德品行方面存在不足。然而，在领导实践中，我们遭遇更多的是才能与职位相匹配的问题。才能与职位相匹配，其本质在于确立一个恰当的才能标准。换言之，就是探究才能是否越大越好，还是适度即可。对此问题的回答看似浅显，实则深远。理论上而言，才能的适度性显然是理想状态。然而，在领导实践操作中，往往存在"贪大求全"或"求全责备"的倾向，这导致人才与职位的匹配时常陷入尴尬境地。

当前人才标准之所以呈现此种态势，一方面源于领导实践中过于简化的处理方式，另一方面则源于理论研究层面存在的某些深层次问题。从综合维度审视，人才标准可划分为宏观人才、中观人才与微观人才三个层次；从类别角度划分，人才标准则可分为全才（通才）、专才和干才等不同类型；而从专业素养的层面来看，人才标准还可进一步细化为高级人才、中级人才和初级人才等多个层级。

一、从综合层面考察

从全面视角审视，人才的构成涵盖了思想深度、意识觉醒、协调能力、修养素养、性格特质以及兴趣爱好等多个维度。不同层级的人才在这些要素上的表现呈现出显著的差异性。

（一）宏观人才

从思想层面深入剖析，宏观人才通常具备宽广的视野和强烈的全局观念。在意识层面，他们具备敏锐的洞察力，能够精准把握全局性因素，在易被忽视的细微之处亦能洞察出解决问题的关键所在。在协调能力方面，他们"眼观六路，耳听八方"，能够妥善协调各方工作与关系，确保各项任务有序推进。在修养层面，他们具备深厚的哲学素养，以圣人为镜，展现出高尚的人文情怀。他们的言行举止常以君子为典范，具有强烈的实践精神，常以天下为己任，致力于推动社会发展与进步。

尽管宏观层面的人才无法做到时时、事事、处处均达到最高标准，但他们在总体上能够恪守原则、中规中矩，展现出稳健可靠的工作作风。从性格角度来看，他们展现出大气从容的特质，既不为个人琐事所羁绊，也不为短暂得失所动摇。在大是大非面前，他们能够坚守原则、明辨是非，展现出坚定的政治立场和敏锐的政治鉴别力。同时，他们在面对困难和挑战时，能够保持冷静沉稳的态度，从容应对各种复杂局面。

在兴趣爱好方面，宏观人才应理性对待个人喜好，既要保持对生活的热爱和追求，又要避免过度沉迷而影响工作。无论是世俗之好还是高雅之趣，都应适可而止，将其作为提升个人素养和陶冶情操的途径。

综上所述，具备宏观人才标准的新型人才是党和国家事业发展的重要力量，适合在关键岗位上发挥重要作用，并具备向更高层次岗位晋升的潜力。

（二）中观人才

中观人才指的是在思想认识层面虽具备一定程度的宏观视野，但全局观和大局意识相对薄弱，缺乏深入洞察和全面把握的能力。在思维方式上，这类人才通常习惯于孤立地看待问题，缺乏系统性和整体性思考，难以将局部问题置于全局之中加以考量。即便偶尔能够展现出举一反三的敏锐性，但在多数情况下仍显得捉襟见肘。

在协调能力方面，中观人才往往难以有效平衡和协调各方利益，难以在复杂多变的局面中保持清醒头脑和灵活应对。在处理涉及多个利益主体的关系时，他们往往缺乏有效的策略和手段，难以取得理想的成效。

在个人修养方面，中观人才尚需加强哲学素养和道德品质的提升。他们有时显得疏离于社会现实，缺乏对社会责任感和使命感的深刻认识。虽然行为举止大体上符合规范，但在某些关键时刻仍可出现人格错位的情况，缺乏坚定的理想信念和高尚的道德情操。

在性格特征上，中观人才在面对原则性问题时容易表现出患得患失的心态，缺乏足够的自信和定力。他们有时会过于纠结于个人得失，难以保持冷静和理性。在应对紧急情况和突发事件时，他们往往显得紧张不安，缺乏足够的应对能力和心理素质。

在兴趣爱好方面，中观人才的高雅爱好相对较少，且往往缺乏深入了解和研究。相反，他们更容易沉迷于一些低级趣味的活动，如赌博等。这种不健康的兴趣爱好不仅会影响他们的个人形象，还可能对工作和生活造成负面影响。

因此，对于中观人才的使用和培养，应坚持实事求是的原则，充分发挥其某方面的长处和优势，同时针对其不足之处进行有针对性的改进和提升。在岗位安排上，可将其安排在次一级的相对重要岗位上，通过实践锻炼和磨砺提升其综合素质和能力水平。在培养过程中，应注重加强其全局观和大局意识的培养，引导其树立正确的价值观和人生观，提升个人修养和道德品质。同时，还应加强对其心理素质和应对能力的培养，使其在面对复杂局面和紧急情况时能够保持冷静和理性，有效应对各种挑战和困难。

（三）微观人才

在思想层面，微观人才普遍缺乏宏观视野，未能形成全面而深刻的大局观和全局观；在意识层面，他们往往囿于一隅，难以触类旁通，举一反三；在协调能力方面，他们往往过于关注自我及相关事务，忽视团队协作与整体利益；在修养层面，微观人才的境界有待提高，不仅缺乏哲学思考，人文情怀也相对淡薄；在实践层面，他们往往口若悬河而实际行动不足，难以将理论转化为实践成果；在性格方面，他们可能表现出过于计较的特点，甚至对小事斤斤计较，难以容忍他人的错误；在公义层面，他们可能表现出慷慨激昂的言辞，但往往未能身体力行，将自身置身于事外；在爱好方面，他们往往偏好于世俗之事，缺乏对高雅文化的追求，对家庭琐事及流言蜚语较为关注。

在人才选拔和配置工作中，对于微观层面的人才，我们需要审慎评估其能力水平，不宜轻易赋予重要责任，以免影响整体工作的顺利进行。同时，在处理各项任务时，无论大小，我们都应制定相应的管控措施，确保工作能够有序、高效地进行，达到预期效果。

二、从人才类别方面考察

从人才类别方面考察，人才的要素包括见识面、判断力、决断力、动手能力和亲和力等方面。

（一）全才或通才

全才是指在各领域皆能展现出卓越能力的人才，相较之下，通才在学识层面稍显逊色。论及见识的广度，全才虽不至于达至"天上知晓半壁，地上通晓全貌"之境地，然其见识深远，必远超常人。在判断力层面，全才所展现出的精准与迅捷，是其基本特征与素质，常能在问题初现之际，便如本能般迅速做出判断。至于决断力，全才在这方面的能力自然超越常人，但相较于其见识的广博与判断的精准，决断力则显得次要。在动手能力方面，全才亦具备相应的能力。论及亲和力，于全才而言，此要素之重要性仅次于见识与判断力，而高于决断力，这与其深厚的见识修养息息相关。

全才型人才不仅具备出色的参谋能力，堪称优秀的智囊团成员，若其性格坚韧不拔、善于作出明智决策，更可成为卓越的领导者。

（二）专才

相较于全才或通才，专才在多个方面展现出独特之处。在见识面上，专才的视野相对集中，针对自身关注或感兴趣的领域，其见解往往超出常人，但在其他领域则可能显得较为随大流，缺乏独到的见解。同样地，在判断力方面，专才在其专长的领域内表现出超强的判断能力，然而在其他领域则可能显得判断力不足。决断力与动手能力亦是如此，均体现出精专的特点。至于亲和力，则因个体差异而异，有的专才具备较强的亲和力，而有的则可能在这方面稍显欠缺。总体而言，专才在特定领域内的优势显著，但在全面性和广度上则有待提升。

专才的优势在于其专业性，故而，其尤为适宜承担专门的工作岗位。

（三）干才

就干才的特质而言，其所谓的见识面并不显著，即缺乏广泛的见识与深厚的理解，难以形成独到的心得，更难以达到融会贯通之境；在判断力与决断力方面，其表现尤为薄弱，面对问题时往往感到迷茫无措，多数情况下依赖他人决策，甚至可能出现逃避现象；在动手能力上，干才的创造性能力相对较弱，而复制能力则较为突出；然而，一般而言，干才具备较强的亲和力，能够有效地协调人际关系。

因此，干才更适合承担一般性的工作任务，其角色定位更接近于组织中的具体办事人员。

三、从专业属性考察

从专业角度剖析，人才的核心要素涵盖了专业素养的精深程度、知识领域的广泛涉猎、想象力的丰富程度以及沟通协作能力的卓越表现等多个层面。

（一）高级人才

高级人才在其专业领域内展现出深厚的素养，他们紧密跟踪学科前沿发展动态，深刻洞察学科发展方向，并在某些方向上拥有独到见解和认识，从而在专业领域内形成了一定的影响力和知名度。在知识体系的构建上，高级人才不仅具备扎实的专业知识，还对相关领域的知识有所了解，对关联领域的前沿技术有所掌握。在从事专业领域研究时，他们展现出卓越的综合分析能力，能够将不同领域的知识进行有机联系和融合，从而形成更为全面和深入的见解。

在谈及想象力时，对于高级人才而言，专业素养固然是其立身之本，但想象力更是检验其综合素质的试金石，两者相辅相成，共同构筑起人才的高地。因此，高级人才应具备如同诗人般丰富且不受拘束的想象力，同时，还需以深厚的专业素养为基础，进行严谨细致的求证与路径设计，确保理论与实践的紧密结合。

在沟通组织能力方面，高级人才同样肩负着重要使命。他们能够以准确、清晰且贴近大众的语言，将自身的构想与技术路径清晰地传达给团队成员，确保信息的高效传递与准确理解。此外，他们还能根据团队成员的个性化特点，合理分解技术任务，并进行科学分工与安排，以确保各项工作的顺利推进。同时，高级人才还应具备组织实施的能力，能够统筹协调各方资源，确保项目的顺利实施与圆满完成。

高级人才是特定研究方向和技术攻关的关键所在，他们直接决定研究任务的推进效率、技术革新的步伐以及最终成果的优劣。

（二）中级人才

中级人才已具备一定的专业素养，对专业领域内的学科前沿发展态势有所涉猎，然而对于学科发展的长远方向仍显认知不足，未能形成显著的专业影响力与知名度。在知识储备方面，其对于相关领域的了解尚显薄弱，对关联专业的前沿技术掌握有限，尚不具备将各领域知识融会贯通以开展综合性研究的能力。在想象力层面，中级人才虽具备一定的创新思维，但由于专业素养尚待深化，难以进行深入论证与精确的路径设计。至于沟通组织能力，中级人才已展现出一定的沟通协作能力，能够依据团队负责人的技术任务分工，负责相应局部的组织实施工作。

中级人才在专业技术领域中占据重要地位，既是高级人才的得力助手，也是战略储备的重要一环。为此，我们应加强对中级人才的全方位培养和考察，确保他们得到充分的成长和发展机会，为组织发展提供有力的人才保障。

（三）初级人才

初级人才尚处于入门阶段，仅掌握课堂传授的基础专业知识，对于专业领域内的学科前沿发展态势缺乏深入了解，更难以谈及对学科发展动向的精准把握。其影响力与知名度尚需进一步提升。

在知识储备方面，初级人才尚未形成与专业领域紧密关联的知识体系，因此不具备独立开展研究工作的能力。然而，在想象力方面，初级人才应具备一定的创新思维与想象能力，以激发其未来的发展潜力。

在沟通组织能力方面，初级人才已具备任务接收与理解能力，能够依据团队的技术任务分工，有效完成上级交办的具体工作。尽管初级人才在团队中尚处于起步阶段，被形象地称为"菜鸟"，但其拥有非凡的成长潜力，无疑是团队的未来之星。

因此，对初级人才进行合理使用与充分培养，不仅是团队应尽的权利与义务，更是团队实现可持续发展的重要保障。通过有效的指导与培养，初级人才将逐渐成长为团队的中坚力量，为团队的发展贡献更多力量。

四、人才分类与优化配置

领导理论研究之所以将人才按照综合、类别和专业素养三个维度进行分类描述，一方面是基于人才本身的客观实际状况，另一方面则是为了满足理论研究，特别是领导实践中对人才鉴别与使用的实际需求。通过上述深入探讨，我们不难发现，每个个体都是这三个方面人才标准的有机结合体，从而形成了形态各异、特色鲜明的人才群体。领导理论研究的终极目标在于确保每一位人才都能得到恰当的位置和发挥空间，至少在理论层面上应达到这一要求，进而为领导实践在把握人才使用上提供科学的思想指导、实用的方法工具以及明确的评价标准。

（一）顶级人才

顶级人才应是宏观视野与全面能力兼备的高级人才，这样的人才极为罕见，他们代表着时代的精华、民族的骄傲、国家的栋梁，甚至全人类智慧的巅峰，能够引领时代潮流的发展。顶级人才的诞生不仅与时代背景紧密相连，更与个人天赋和后天努力密不可分。顶级人才可以是宏观视野与广泛知识结合的通才型高级人才，或是宏观视野与全面能力相结合的中级人才，虽然不及顶级人才的高度，但同样是经过千锤百炼的精英，他们在政治、经济、社会等各个领域都能展现出卓越的影响力。而次顶级人才则表现为宏观视野与中等才能的结合，他们学识广泛，具备丰富的社会经验，能够胜任各种工作任务，同样属于不可多得的人才资源。

（二）高端人才

高端人才的标准可归纳为"中观＋通才/专才＋高级"。在综合素养上，标准适中；在人才类别上，要求较高；而在专业素养上，则要求极高。这是因为高端人才不仅需要具备综合协调、组织管理和有效沟通的能力，更要在专业领域达到顶尖水平，以在工作领域中占据领先地位。

（三）中端人才

中端人才的理想配置包括"中观＋专才＋中级"或"微观＋专才＋高级"的组合。总体而言，中端人才可能在全局视野或知识深度、专业技能方面存在不足，这在一定程度上限制了他们的职业发展，使其难以胜任更为复杂的工作岗位。

（四）低端人才

就全面、分类和专项三方面的标准来看，低端人才普遍处于基础达标水平。因此，其常见组合模式为："微观＋干才＋初级"。在评价此类人才时，核心关注点在于其教育背景。若其具备相关工作经验，应参考用人单位的反馈意见，但更为关键的是在实际工作中的持续跟踪评估，以便准确衡量其潜在的发展潜力与培养价值。

从当前的人才组合现状来看，人才绝非一个单纯的、表面的概念，而是承载着深厚的内涵与价值。因此，在人才的选拔与使用上，我们必须正视才位匹配这一核心问题，确保人尽其才、才尽其用。

在领导实践中，我们时常会观察到一种现象：不论组织规模大小、工作性质如何，都存在着过度追求高学历、高技能人才的倾向。然而，这种倾向往往导致人才资源的不合理配置，如高学历人才从事与自身专业不符的工作，造成人才资源的浪费。此外，这种现象还容易引发人才流失、人才难留的问题。当人才的才能与岗位需求不匹配时，他们的积极性和创造力难以得到充分发挥，进而产生不满和离职的念头。

因此，领导理论强调，领导者在人才管理方面应注重人才的合理匹配与充分利用。他们需要深入了解每个人才的特长与潜力，将合适的人才安排在合适的岗位上，实现人才与岗位的最佳匹配，为组织的持续稳定发展提供有力保障。

五、才能与角色的世俗匹配

（一）政治领域

顶级及以上层次的人才，在国家和世界事务中发挥着举足轻重的作用，能够引领和推动重要变革，对全球发展产生深远影响。次顶级人才在特定区域或行业领域展现出了卓越的领导力和专业水准，他们通过不断努力和实践，有望晋升为顶级人才，进一步为国家和社会的发展贡献智慧与力量。

高端人才虽然尚未达到顶级人才的水平，但他们在多个方面展现出了不俗的潜力和能力。在政治生活中，他们可以成为顶级人才的得力助手，或在小范围、特定领域发挥重要作用。通过持续学习和实践，高端人才有望不断提升自身修为和素质，逐步成长为次顶级乃至顶级人才。

中端人才在政治领域尚处于初级阶段，需要不断学习和积累经验。他们可以为政治人物或高端人才提供辅助性服务，通过参与实际工作来逐步了解政治运作的规律。随着经验的积累和能力的提升，中端人才有望在政治领域取得更大成就。

低端人才在政治领域的发展空间相对较小，但仍可通过不断学习和提升自身能力来寻求更好的发展机会。重要的是，每个人都应根据自身实际情况和优势，选择适合自己的发展路径，并为之努力奋斗。

（二）经济领域

顶级及以上层次的人才，虽个人财富或许未能富甲一方，却必然在国家乃至全球经济活动中扮演举足轻重的角色，成为世界经济发展的引领者和风向标，其影响力之深远，足以与政治领域的世界领袖相提并论。

次顶级人才，作为特定区域、行业的经济领军人物，其言行举止皆能牵动众多相关方的关注与反应。

高端人才，更是众多经济组织乃至跨国公司的争相引进对象，他们不仅是职业经理人的佼佼者，亦是打工阶层中潜在的"领袖"人选。

中端人才，则构成经济组织部门负责人的中坚力量，共同构筑经济活动的基本框架和稳定运行的基础。而低端人才，虽初涉职场，经验尚浅，但正是这些"新生力量"为经济活动提供了源源不断的后备支持与人才储备。

（三）科技文化领域

顶级以上人才，在其研究领域内必然具备举足轻重的地位，其研究成果影响深远，甚至可能引领未来世界的发展方向。次顶级人才，同样是其研究领域中的关键角色，其每项成果都能引发同行的高度关注与认可。高端人才则成为众多科研机构和团队争相引进的对象，他们作为各研究团队的骨干力量，发挥着不可或缺的作用。中端人才则是研究机构中的主要力量，他们在研究活动中承担着重要的"苦力"角色，为科研事业的推进贡献力量。而低端人才，则承担着为研究团队提供基础性辅助服务的任务，他们是团队中不可或缺的基础性成员。

第九章 用人方法的提升

第一节 唯才是举与量才录用

用人事关全局,甚至事关生死,而识人作为用人的首要环节,更是具有战略意义。因此,领导者在识人用人方面必须亲自把关,尤其是对于关键岗位的人选,更是不能掉以轻心。然而,由于领导者的时间和精力有限,所能接触的人才范围也有限,难以遍览天下英才。为破解这一难题,历代领导集体均积极探索广开才路的途径,力求拓宽人才选拔的视野。

一、唯才是举

"唯才是举"这一理念,由曹操提出。他指出,对那些虽背负污名、行为有失检点,甚或在道德层面有所瑕疵,但却能治国安邦、用兵如神的贤能之士,各地官吏必须广开才路,积极举荐,确保不遗漏任何一位人才。这种用人理念,在历史长河中堪称独树一帜,充分彰显了曹操作为一代英主的非凡气度和远见卓识。正因如此,曹操得以获得"奸雄"之名,这既是对其政治手腕的肯定,也是对其用人之道的认可。

得益于这一政策宣示,当时的许都成为人才荟萃之地,各类贤才纷至沓来,那些在政治和军事领域为曹操出谋划策的谋士们,更是成为曹魏阵营的中坚力量。

基于曹操的论述,即便是封建社会所不容的"不仁不孝"之大不敬,亦未能成为其推行"唯才是举"政策的绊脚石,足见其对于"才"的重视程度之深。然而，在审视曹操的言论时，我们务必将其言论与实际行动相结合，进行历史性的全面考量。唯有如此，方能精准把握"唯才是举"的核心理念，进而在领导实践中灵活运用，为营造人才济济、各尽其能、事业兴旺的良好局面奠定坚实基础。

事实上，曹操所倡导的"唯才是举"并非全然忽视德行，而是在特定历史背景下的一种应急策略。在人才的选拔与任用过程中，曹操实则遵循着"治平尚德行，有事赏功能"的原则。然而，"唯才是举"在实施过程中确实存在一些需要特别警惕的潜在风险，若处理不当，极易引发偏差。因此，在实际操作中，我们需审慎对待，确保政策的精准执行与有效落实。

第一，警惕求全责备的倾向。这是在实际操作中容易出现的误区，即对人才和举荐人过度苛求。例如，仅因举荐人在某些方面存在不足或曾有"历史问题"，便以偏概全，主观臆断地认为其所推荐的人才也必然存在相似缺陷，并以此为借口，自圆其说地强调"物以类聚，人以群分"的观点。此外，还要求举荐人对被荐人的了解必须详尽无遗，甚至在被荐人日后出现品德操守问题时，要求举荐人承担责任。无论何种情况，这种类似求全责备的做法都会阻塞人才流通渠道，阻碍人才的选拔和任用，甚至可能将潜在人才推向对立面。

第二，警惕以偏概全的思维误区。在现实中，完美无缺的人才极为稀缺。普遍而言，每个人都有各自的长处和不足，从表面上看，甚至有些人所面临的问题并非仅局限于"小问题"的范畴。我们要清醒地认识到，往往那些在某个领域具有显著成就的人才，在其他方面可能也会存在相对明显的短板。因此，在评价人才时，我们必须坚持全面、客观、公正的原则，避免过于片面或绝对化的评价倾向。

第三，警惕爱洁成癖的弊端。在现实生活中，存在洁癖倾向者不在少数。然而，若在人才选拔任用环节中也表现出洁癖倾向，则这一问题便不容忽视。因为对人才的过度挑剔，往往会过分放大其缺点，甚至如同使用放大镜般刻意搜寻其不足之处。此种做法，既容易使人陷入无端猜疑，给谣言传播和恶意中伤者以可乘之机，更会导致人才选拔任用渠道受阻，阻碍优秀人才的发掘和任用。

最后，我们需要关注的是先入为主的问题。先入为主，指的是在认识人或事物时，由于信息收集不全面或主观意识的屏蔽，导致形成片面或固化的观念，进而拒绝接受新的信息以修正原有看法，或者倾向于根据既有的认知框架对新信息进行筛选和解释，从而进一步强化原有的认知。这一问题实质上反映了人们在认知过程中的一种惯性思维。

值得注意的是，这种先入为主的认知惯性往往会因个体的认知性格而得到强化。有趣的是，那些素质较高、身居高位的人，往往更易受到先入为主认知惯性的影响。领导理论指出，先入为主是一种不利的思维方式，作为领导者，应当努力消除并避免这种倾向，以确保决策和判断能够基于全面、客观的信息，而非片面的预设观念。

二、量才录用

人才队伍建设，无论是在基层单位还是在国家层面，均是一项举足轻重的战略任务。因此，"唯才是举"的理念，不仅应作为一种政治宣示和主张，更应转化为切实可行的人才政策，并在实践中一以贯之、持之以恒地加以推进。当然，在践行"唯才是举"理念的过程中，我们必须坚决防止极端化倾向，避免给人留下"领导者失守原则底线，组织成为藏污纳垢之所"的负面印象。事实上，"唯才是举"只是吸引和聚集人才的一种手段，其根本目的在于实现人才的合理配置和有效使用。

关于"唯才是举"与"量才录用"在组织工作中的重要性，宋代文学家苏轼在《上神守皇帝万言书》中，以精炼且深刻的语言进行了明确阐述。他提出："凡所擘画利害，不问何人，小则随事酬劳，大则量才录用。"意思是说，凡处理各项事务、谋划利益得失，不论涉及何人，对于日常性的贡献，应依据具体情况给予相应酬劳；对于具有重大意义的贡献，则应依据个人的实际才能与卓越表现，进行公正而合理的选拔与任用。

三、唯才是举与量才录用的关系

"唯才是举"与"量才录用"二者既相辅相成，又各有侧重。从党政工作的角度来看，"唯才是举"主要侧重于人才的初步甄别与选拔，是识人用人机制中的关键环节之一。而"量才录用"则进一步强调了人才评估与任用的科学性和精准性，是确保人才得以充分发挥其潜能、实现人尽其才、物尽其用的重要保障。

具体而言，"量才录用"的核心在于"量"，即全面、深入地了解和评估人才的才能、素质与潜力。这需要我们建立健全科学的人才评价体系，运用多种评价手段和方法，对人才的各项能力进行全面、客观的评估，确保人才的选拔和任用符合组织发展的需要和岗位要求。同时，领导者在实践中应不断总结经验，深化对识人用人规律的认识，提高人才评价和任用的精准度和有效性。

总之，"量才录用"作为识人用人机制的核心环节，对于推动组织发展和提升人才工作水平具有重要意义。我们应坚持以党管人才为原则，加强人才工作的统筹规划，确保人才工作科学、规范、有序推进。

第二节 "权力"的分配

"唯才是举"是获得人才的途径，"量才录用"则是用人的原则，也就是给予人才以权力。任何组织都是人的集合，按照政治学原理，只要有组织存在，就有公权力伴生。因此，"量才录用"就是量才分配权力。

"唯才是举"是组织选拔人才的重要途径，"量才录用"则是组织用人的根本原则，其核心在于根据人才的才能和素质，赋予其相匹配的职权。任何组织均由人才所构成，依据政治学基本原理，组织的存在必然伴随公权力的行使。因此，"量才录用"的本质即在于依据人才的能力与素质，进行科学合理的职权分配。

一、影响权力分配的因素

权力的分配既是领导理论的核心议题,也是领导实践中不可或缺的重要环节,其结合组织运作更彰显为一种精细的艺术。深入探讨领导理论,我们不难发现,在权力分配方面,并不存在一个僵化、固定的模式可以一劳永逸地套用。权力的分配需要根据组织的实际情况、目标设定以及成员特点等多方面因素进行综合考量,以确保权力的分配既符合组织发展的需要,又能有效激发成员的积极性和创造力。因此,权力的分配应当是一个动态、灵活的过程,需要根据实际情况进行不断的调整和优化。影响权力分配的因素很多,主要有以下几个方面。

(一)组织因素

组织依据其类型,可划分为军事、政治、经济、文化等多个领域。鉴于各类组织的性质千差万别,其在权力敏感度上呈现出明显的递减趋势,进而导致了权力分配中的冗余度依次上升。这一现象反映出,在权力分配过程中,制度所具备的刚性约束力亦随之增强。

依照组织的层次结构,权力可细分为最高层、高层、中层、基层以及最基层等不同的层级。随着组织层次由高至低的衰减,权力敏感度呈现逐渐降低的趋势。在权力分配方面,尽管制度性约束力依然占据重要地位,但各层级在权力行使上的自由度却呈现出由高至低逐步增加的特点。

(二)领导者因素

领导者素质历来在权力分配中扮演着举足轻重的角色。一般而言,领导者若具备较高的素质与卓越的人格魅力,则其对权力的掌控能力亦将更为出色,在处理权力分配问题时亦能表现得更为得心应手。

关于领导者的性格特征,其在领导理论研究的诸多领域中都呈现出难以精确描述与界定的特点。特别是在权力和权利的分配过程中,不同性格的领导者往往展现出截然不同的处理方式。性格因素对权力运行的影响广泛而深远,甚至难以明确划定其边界。

（三）距离与范围

一般而言，权力约束力与距离之间呈现反比关系，即距离越远，所需权力便相应增大，授权亦需更为充分。这无疑是权力运作与分配在常规情形下的基本原则，然而，这亦构成了权力分配过程中的核心挑战，其中涉及了曾国藩识人策略的首要法则：远使之而观其忠。唐朝时期的节度使制度便是一个鲜明例证，由于距离遥远导致授权过度，进而削弱了中央政府的控制力，其标志性事件——安史之乱，更使得大唐帝国由盛而衰。同样地，范围与距离在权力分配方面存在类似之处，即范围愈广，所需分配的权力便愈多；而距离愈远，对权力的需求亦愈大。

综上所述，权力分配的冗余度是由上述多个方面综合作用所形成的。一般而言，冗余度的高低直接影响着权力分配的敏感度。当冗余度较高时，权力分配的敏感度相对较低，处理起来也更为简便，因此权力分配的边界可以适度模糊。相反，当权力敏感度较高时，处理权力分配时必须格外谨慎，权力的边界必须得到明确的界定，以确保权力分配的合理性和有效性。

二、权力分配的规律性

权力的分配是一项极具艺术性的工作。鉴于上述三种不同类型因素的相互作用，会衍生出众多复杂的组合形式。在此，我们择其关键性组合进行简明扼要的阐释，旨在深入剖析权力分配的内在规律性，从而有效指导领导实践活动。

（一）纯制度性权力分配

在绝大多数情形下，此类权力分配的冗余程度极低，近乎不存在，其应用主要限定在军事和政治组织范畴之内。一般而言，军事组织在权力分配方面相较政治组织具有更高的地位与重要性。在涉及特殊和敏感的区域范围内，军事组织的权力分配必须保持绝对的无冗余状态，并深入到最基层的单位。相对而言，政治组织的权力分配虽在一定程度上保留了一定的冗余度，但这种冗余度必须严格控制在两个组织层次以内，以确保权力运行的规范与高效。

制度性权力分配的极致表现，即"认物不认人"原则。这一原则在中国古代历史故事中得到了充分体现，诸如信陵君窃符救赵的典故，以及《水浒传》中林冲误入白虎堂，高俅以其欲盗兵符治罪的情形，均深刻反映了这一权力分配特点。

（二）授权式权力分配

此种权力分配机制的特点在于其高度的灵活性，而这一灵活性的实现则建立在权力集中的基础上。领导者拥有将部分权力赋予其助手或下一级管理者的自主决策权。此种权力分配机制的优势在于，既能确保对各项事务的有效管控，又能根据实际情况灵活调整权力的运用方式，实现权力的收放自如。权力的分配既可以通过正式的文件形式予以明确，亦可在一定范围内通过口头形式进行传达。

然而，此种权力分配机制亦存在一定的不足，其效率相对较低，领导者往往需要亲自参与并决策众多事务，导致领导者的工作负担较重。因此，在实际工作中，需要不断探索和完善权力分配机制，以更好地适应形势发展的需要，提高工作效率和质量。

授权式权力分配之所以对权力分配管控具有积极作用，其根源在于授权者所赋予的权力具备高度灵活性与可控性。一旦授权条件发生变化或需要调整，所授之权可迅速收回，并重新分配给其他适宜之人。此外，授权范围亦可根据实际情况灵活调整。在我国历史长河中，对钦差大臣的授权方式便是此种权力分配模式的典型体现。

（三）复合式权力分配

不论是制度性权力分配还是授权式权力分配，二者均涉及效率提升与有效管控两大核心问题。因此，这两种分配方式都既有其优势，也存在相应的局限。为了更加全面地规避潜在弊端，充分发挥二者优势，采用复合式权力分配模式成为稳妥且有效的选择。

复合式权力分配模式旨在以制度化形式确立权力分配的基本原则，进而清晰界定各级领导者的责任范畴与边界。同时，为避免制度性权力过于僵化而可能形成的"独立王国"问题，需灵活运用授权机制，对部分制度性权力进行适度调整，并依照既定的权力内容进行科学分配。这一调整过程需精准界定权力范围，合理把控授权程度，以确保权力运行既规范又高效。

在任何形式的权力分配过程中，领导者因素始终占据举足轻重的地位。领导者的综合素质，对于权力分配中的效率提升与管控效能具有决定性影响。然而，不容忽视的是，领导者的性格特质亦可能在一定程度上导致权力分配的实际结果与预期目标产生偏差，这一点在实际操作中需要引起我们的高度重视和谨慎把控。因此，我们有必要就性格问题进一步展开深入探讨，以便更加清晰、准确地理解权力分配过程中性格因素所发挥的作用，为科学决策和有效管理提供有力支撑。

三、权力分配中的性格

心理学认为，个体的基础性格特征是先天固有的特质。在后天的教育培养和人生历练中，这些基础性格特征会受到不同程度的强化或削弱。当个体在成长过程中顺利发展时，其基础性格特征将逐渐得到加强，性格表现也会愈发鲜明突出，与基础性格相辅相成的其他性格特质也将得到相应的培养和发展。若个体在成长过程中遭遇挫折，其基础性格特征可能会受到一定程度的削弱。相反，那些与基础性格特征不相契合的性格特质则可能在这种情境下得以凸显和形成。这一过程对个体而言是极具挑战性的，因为基础性格特征具有一定的稳定性和排斥力，类似于人体对移植器官的排斥反应。

领导理论研究的主体，主要集中于那些具有显著发展优势的人群——领导者。因此，在领导者的成长过程中，基础性格与其相融性格特征的共同培育，应当相互激励、相互促进，形成良性互动。在权力分配的过程中，我们必须密切关注并深入分析领导者的性格组合情况，确保权力分配的科学性、合理性和有效性，以推动组织事业的健康发展。

（一）力量型

该个体的基础性格显著地展现出力量型特质，同时融合了敏感型与多面型的性格元素。他们具备卓越的能力与强大的统治力，在自身的影响范围内呈现出明显的"领袖"风采，且热衷于追求卓越。这类人往往不甘屈居人后，难以进行有效管控。在与其共事的过程中，他们会呈现出以下特点：若其担任副手，可能会给一把手带来一定的压力与挑战，除非一把手在各方面均对其形成压倒性优势；若其担任一把手，则可能会对团队成员造成一定困扰。因此，这类性格组合的个体常让人既感喜爱又心生畏惧。

在任用这类性格组合的人才时，必须对其道德品质进行严格考察。在较低职位时，可通过充分授权，放手让其独立工作以观察其忠诚度，同时亦可通过近距离的工作合作来观察其敬业态度；在中级岗位上使用时，需灵活调整权力分配，时而收紧时而放宽，以磨炼其性格，进一步评估其忠诚与敬业程度；而在高位使用时，必须对其道德品质特别是忠诚与敬业程度有充分确信，否则必须设立明确的权力边界并采取相应的严格管控机制，即在制度性权力分配的基础上实施有限权力配给。

（二）传统型

此类人才的基础性格表现为传统型，同时兼具力量型与敏感型的特质。他们展现出卓越的能力与非凡的胆识，善于洞察事物本质，并具备明辨是非的能力。他们不仅具备"领袖"般的气质，能够引领团队前行，更能够恪守职责，踏实工作。他们是"德才兼备"的杰出人才，无论身处何种岗位，都能展现出优秀的职业素养与责任心。

这类人才在工作中既不会过分追求权力，也不会懈怠工作，始终保持着高度的职业操守。他们值得信赖，能够放心地将重要任务交付给他们，且不会出现重大的失误。然而，值得注意的是，由于他们恪守的价值观，这类人才可能过于在意自己的名声，思想意识有时略显保守，面对重大决策时可能表现出一定的犹豫。

因此，在使用这类人才时，我们不仅要充分信任他们，放手让他们去发挥自己的能力,更要给予他们足够的鼓励与支持。通过激发他们的自信心与积极性,让他们能够大胆行事、果断决策,从而更好地发挥自身的优势与价值。在中国上古时代,众多圣贤之士便是这类人才的杰出代表。

(三)完美型

该个体基础性格倾向于完美型,同时兼具敏感型和多变型的特质。此类人士不仅具备敏锐的直觉,能够捕捉到细微的信息变化,而且拥有出色的信息甄别和加工能力,能够快速而准确地处理各类信息。他们在完善细节和提升效率方面表现卓越,擅长方案的设计和过程的规划,既注重方案的精细度,又善于把握过程的整体性。

受完美主义价值取向影响,这类人士在注重细节和过程设计的同时,有时会不自觉地忽视一些趋势性问题的把握。尽管如此,他们依然堪称战术大师,既能够胜任某一方面的主管角色,也能够作为称职的助手和优秀的参谋人员,为团队的成功贡献力量。

(四)开放型

此类人才具备开放型的核心性格特质,同时兼具力量型与敏感型的优秀品质。他们性格豪放耿直,对内展现出强大的亲和力与凝聚力,对外则具备卓越的感召力与影响力。在面对挑战时,他们勇于担当、敢作敢为,既大胆果断又心思细腻,展现出卓越的领导才能和决策能力。

在这类性格的领导者带领下,员工们往往能够获得充分授权与信任,尽管工作可能会较为繁重,但他们能够在一个积极向上、充满正能量的环境中充分发挥自己的潜能,实现个人价值的同时也为团队的发展贡献力量。作为领导者,亦应充分信任并授权给这类人才,放手让他们在实践中锻炼成长,为组织的发展开辟更加广阔的前景。

第三节 长、短处的辩证法

在选人用人工作中，我们常提及"用人之长，防人之短"的准则。然而，经过深入剖析，我们发现这一准则存在内在的逻辑矛盾，特别是"防"字的运用，在一定程度上流露出对人才的不信任。这种误解的根源在于我们对人才长、短处的辩证关系认识不够深刻，更谈不上准确把握。

根据领导科学的相关理论，在选人用人方面，我们不仅要善于发掘和发挥人才的长处，更要注重在利用人才长处的同时，有效限制其短处可能带来的不利影响。更为重要的是，我们应当积极协助人才弥补短板，实现全面发展。这意味着，在用人过程中，我们必须同时采取积极和消极两种手段，形成有效合力。一方面，通过建立健全的机制和制度安排，我们可以有效限制人才的短处可能带来的负面影响甚至危害。另一方面，要真正解决根本问题，必须依靠系统的学习培训、实践锻炼、督促检查等多种手段，促使人才不断自我提升，补齐短板，进而推动人才队伍的全面发展和组织效能的持续提升。

古人云，人非圣贤，孰能无过？对于个人而言，务必要正视自身的不足，积极努力克服，进而将短板转化为优势。对领导者而言，更需以辩证的眼光审视长短处，因时、因事、因地而异，长短处之间的关系亦会随之发生变化。这正是"尺有所短，寸有所长"所揭示的深刻辩证关系。因此，君子用人如器，关键在于发掘他人潜在的优势。

在评价他人时，我们固然可以依赖直觉，但更应对先入为主的偏见保持高度警觉。同时，他人的评价和世人的看法，往往不能全面、真实地反映一个人的长短处，特别是那些可能带有偏见或误解的传闻和事实。我们必须清醒认识到，长短处并非一成不变，而是在特定的时空背景下可能相互转化。

长、短处的辩证法是对领导者智慧和能力的深刻考验，它要求领导者能够透过短处的表象，洞察其潜在的长处本质，并针对不同个体的短处，灵活采取因人而异的策略，或因人设事，或正确引导，以实现短处转化为长处的目标。

辩证法不仅局限于从短处中发掘长处，更应当从那些被过度赞美的长处中揭示出隐藏的短处，以防范潜在的风险和危机。因此，领导理论强调，在选人用人过程中，领导者需要具备敏锐的直觉和洞察力，能够像"一叶知秋"般捕捉微妙变化，同时避免陷入"一叶障目不见泰山"的盲区，更应具备"拨云见日"的明智，透过纷繁复杂的表象，洞察事物的本质和真相。

第四节　边界的辩证法

在领导实践中，经常面临的一个核心议题便是"权力的边界"问题。其根源在于权力所作用的对象涵盖了以人、财、物为代表的所有资源。因此，权力运作的成效不仅关系到利益分配的合理性，更在宏观层面上关乎一个组织乃至国家的兴衰存亡。纵观古今中外，此类事例层出不穷，充分彰显了权力边界的重要性。

一、权力分配关系

权力运作的精髓在于权力的科学配置。在权力分配的过程中，除了注重分配方式的合理性，更需严谨界定权力的边界，这是因为领导体系是由众多领导者共同构建、协同运作的有机整体。因此，在领导体系中，权力呈现出共享、分享与独享三种关系形态，这三种权力分配关系不仅构成了权力运作的明文规定，更体现了其内在的运行机理和规律。

（一）共享

共享，作为领导体系对权力的合理分配方式，旨在突出领导体系与权力之间的紧密联系与整体性。在此理念下，领导体系与其所掌握的权力被视作一个不可分割的有机整体，共同支撑着组织的稳定运转和科学决策。因此，从组织与政治的高度来看，领导体系对权力的共享不仅是组织和政治理念的重要体现，更是组织价值观的核心表达。它不仅是保障组织稳定和高效运行的重要基石，更是推动组织持续健康发展的关键力量。

（二）分享

分享的本质在于实现权力在不同领域的科学配置与合理划分。权力的分割，必然伴随着清晰明确的边界设定，以确保各领域权力运行的有序性与规范性。根据不同组织的属性与定位，权力分割的边界属性亦呈现出差异化。具体而言，权力边界可分为硬边界与软边界两大类。其中，国家体制作为社会治理的基石，其权力边界相对较为"硬"，即具备更为明确且稳固的界限，以保障国家权力的权威性与严肃性。相较于国家体制，其他政治组织、经济组织及文化组织等，在权力边界的"硬"度上则呈现出一定程度的递减趋势。这些组织的权力边界往往更加灵活多变，以适应各自领域内的复杂环境与多元需求。因此，在推进权力分享的过程中，必须充分考量不同组织性质对权力边界的影响，确保权力的分配既科学合理又切实可行，从而推动社会整体秩序的和谐稳定与持续健康发展。

（三）独享

独享，是指个体或组织对权力的全面掌控与绝对垄断。这种权力的占有形式在封建社会中尤为显著，其中皇帝作为权力的集中代表，独占全社会权力的至高地位。

在当前现实社会背景下，权力运作主要体现为权力共享和权力分享两种基本模式，其中权力分享模式占据主导地位。即便是在西方社会所严厉批评的少数所谓威权国家中，权力分享依然是不可忽视的基本事实。这些国家与西方民主国家之间的差异，主要在于权力分享的广度和深度有所不同。

权力共享与权力分享的主要区别体现在最高权力层面，即最高权力是否集中或分散。权力分享具有两种主要模式：一种是权力被分割并由不同主体共同享有，这种模式具有明确的权力分享边界。在国家治理体制中，美国便是此模式的典型代表；而在经济组织管理中，公共公司治理结构亦体现了这种模式的特征。另一种模式则是以某一主体为主导，其他几方共同参与分享权力，形成合作与合力共治的局面。在这种模式下，权力边界相对模糊，不像前一种模式那样界限分明。这种权力分享模式在一定程度上带有权力共享的特点。

不论是权力共享还是权力分享模式，除了强调权力监督与权力制衡之外，其核心目标均在于提升权力运作的效率，确保社会治理的有序与高效。

二、权力分享边界

按照权力分享的两种模式，权力边界可以分为软、硬两种。

（一）权力分享硬边界

在权力分享的硬边界问题上，我们以美国为例进行深入剖析：美国的立法权归属议会，司法权由最高法院执掌，行政权集中于总统之手。从美国权力分享机制的初衷来看，其核心理念在于对国家治理的最高权力进行分拆，以避免权力集中可能引发的种种弊端。

总统的行政权力源自议会的授权。一旦议会认为总统的行政权力过于膨胀或权力边界模糊，便会通过立法手段对总统的行政权力进行相应限制。然而，议会所通过的法案须经总统签署方能生效，这似乎构成了一个循环的逻辑难题。针对这一问题，美国政治体制亦设计了解决之道：议会可以凭借三分之二以上的多数票通过相关法案，或者将法案提交至最高法院进行裁决，以强制总统签署。这种硬边界的权力设置方式在很大程度上体现了对权力滥用的防范。

值得注意的是，政府治理结构与经济组织在权力边界设置上存在一定差异。即便是公共（上市）公司的治理，也倾向于采用相对明确但非刚性的权力边界设置。在上市公司中，股东大会、董事会与经理层之间的权力边界相对清晰，这主要是因为广大散户股东难以直接掌握公司运营状况，因而需要通过股东大会及强制性的公告等权力边界设置来保障其利益。

（二）权力分享软边界

在国家治理体系层面，西方议会制国家普遍采纳了权力分享的软边界模式。以英国为例，尽管该国并未制定成文的宪法，但其权力运行始终恪守立法权高于行政权和司法权的原则，直至 2010 年，英国才正式设立最高法院。而在法国第五共和时期，该国则创新性地构建了半总统半议会的国家治理体系。此外，欧洲及亚洲的多数民主国家均遵循与英法两国相近或介于两者之间的国家治理模式。因此，从全球范围来看，除了美国外，绝大多数西方国家主要实行议会制，其中立法权与行政权虽有一定分工，但并未完全分立。

  同样地，在经济组织领域，特别是跨国公司的运营管理中，这种权力边界设置也占据了主导地位。这是因为经济组织在追求效率优先的运作目标时，与权力分享的软边界模式存在着天然的契合，能够更好地发挥各方的优势，实现资源的优化配置和高效利用。

  在权力共享模式的构建与实施中，该模式在国家治理体系中既发挥了限制权力滥用、防止权力腐败的重要作用，又有效提升了权力运作的效率和效能，因此在现代国家治理实践中取得了良好的成效。此种模式以中国、越南和新加坡等国家为典型代表。这些国家通过坚持党的全面领导，充分发挥人民代表大会（议会）的职能作用，实现了党与人民代表大会（议会）在最高权力层面上的共享与协同。在此基础上，政府严格遵循党的决策部署和人民代表大会的授权，依法行政，确保国家治理的规范化和法治化。

  在权力共享模式的深入实施下，治理意志得到了进一步的统一和强化，立法协商机制不断健全完善，行政运作日益高效有序，司法保障作用更加显著。这些积极成效共同促进了社会的全面进步与发展，为国家治理体系和治理能力现代化提供了有力支撑，引领了时代发展的新潮流，彰显了国家治理的新气象。

三、权力分配模式

  在国家治理体系和领导体系中，权力分配呈现出共享、分享与独享三种不同模式。然而，即使是在封建帝王时代，权力的完全独享也从未真正实现。因此，我们主要聚焦于权力分配的共享与分享模式进行深入探讨。

  为更直观地阐释共享与分享之间的区别与联系，我们可以借鉴体育运动中的实例。篮球运动作为人们日常生活中广受欢迎的活动，其防守模式对于理解权力分配的共享与分享具有借鉴意义。篮球比赛中存在人盯人和联防两种主要防守策略。人盯人防守策略明确责任划分，一旦防守失位则显而易见，然而，失位将直接导致失分，即整体利益受损。相比之下，联防策略强调整体联动，当某一方出现失位时，其他队员能够迅速补位。然而，联防策略对队员的能力、意识和奉献精神等提出了更高要求，同时，在对方突破防线后，补位行动可能导致整条防线的变动，从而引发顾此失彼的情况。

因此，在领导体系的权力分配过程中，边界问题具有举足轻重的地位，同时也涉及敏感层面，是领导体系尤其是主要领导者必须正视和解决的议题。这是因为，在任何一个领导体系中，权力分配的核心目标均在于实现效率的最大化。然而，权力分配边界对于权力运作效率而言，具有双重性质：一方面，权力边界的明确性有助于责任的清晰界定，有助于提升工作效率；另一方面，过于明确的权力边界亦可能导致权力的过度分割，形成权力"禁区"，从而可能削弱权力运作的整体效率。相反，权力边界的模糊性则可能引发责任不清、互相推诿的问题，这不仅会损害工作效率，而且在极端情况下，可能导致权力真空的出现，形成"无政府"状态，对领导体系的稳定性和有效性构成威胁。因此，在领导体系权力分配中，如何科学合理地界定权力边界，以实现权力运作的高效率，是一个亟待解决的重要课题。

四、关于权力边界的几个概念

领导理论认为，领导体系在权力运作过程中，必须设定明确边界，以确保权力的有效行使，避免滥用。然而，这些边界并非固定不变，而应随着组织内外部环境的变化而灵活调整。更为重要的是，边界绝不能成为权力的僵化"铁幕"，阻碍领导活动的正常开展和组织的创新发展。因此，在权力边界的问题上，所有领导者，尤其是主要领导者，应当树立以下几个基本观念。

（一）权力边界是解决问题的基石

权力边界作为解决问题的基石，必须得到严格的界定与管理，但绝不应视作权力"独立王国"的固定"国界"。在领导体系中，那些以力量型为基础性格、兼具敏感型与多面型性格特征的领导成员，必须对此有清晰认识与深刻把握。若对此认识模糊，权力运作的整体效率将受到严重影响，个人也可能陷入"众矢之的"。对于那些已明显让一把手感到困扰的领导成员，更应自我约束，严格管理自身性格，从明晰分管的权力边界入手，有效解决问题。一把手在此过程中，不仅要具备高度的敏感性，还需在把握节奏的基础上，坚决消除权力的硬边界。在具体操作上，可以借鉴篮球比赛中的策略转变，如由人盯人防守转变为联防模式，甚至在必要时采取换人盯防的措施。这些举措的根本目的在于确保权力始终在可控范围内，严防权力失控现象的发生，以保障领导体系的稳定与高效运行。

（二）权力边界是责任的基本范畴

权力边界是责任的基本范畴，亦即为权力拥有者所必须履行的职责范围。因此，作为领导体系的成员，在始终对权力边界保持"国界"般的警觉之际，还需勇于担当、积极作为，严防履职失范，更要避免权力悬空、无所作为的现象发生。换言之，权力边界的柔化并不等同于权力模糊所引发的权力虚化。针对那些性格多变且敏感型的领导者，他们更易陷入权力模糊乃至虚化的困境，因为这种性格的领导者往往因自信不足而产生依赖心理，且过于在意主要领导的看法和评价，导致经常揣摩主要领导的意图。对于这类领导者，主要领导不仅不应软化其权力边界，反而应明确其责任意识，增强权力的约束力度，提升其在权力边界内的执行效能。也就是说，与这样的下属或副手共事时，主要领导的授权充分性与督促方式的合理性将直接影响其作用的发挥程度。

（三）权力的纵向边界

权力的纵向边界问题，即权力运行的"条条"规范。前述两种边界主要涉及权力的横向分布，即我们通常所说的"块块"管理。权力作为治理体系的核心要素，具有纵横交织的双重维度。在领导体系中，权力边界的划分涉及多层次、多维度的问题。一方面，需明确界定领导体系内部各成员之间的权力边界，确保职责分明、互不干扰；另一方面，更要关注上下层级之间的权力划分与授权机制。上下层级间的权力边界应当清晰明确，上级对下级的授权范围须有明确规定，以保障权责一致、提高工作效能。同时，在授权程度上既要明确具体，又要保持一定的灵活性，以适应复杂多变的实际情况。

（四）权力边界的辩证法

针对领导体系，特别是主要领导而言，权力边界的辩证法呈现出两种核心的组合与管控模式，具体阐述如下。

1.横向权力边界与纵向权力边界的组合与管控模式

首先，横向权力边界存在一种日益强化的明确化趋势。其核心在于进一步强化和明晰权力的纵向边界，旨在减少上级权力对下级权力的不当干预，确保各级权力在各自职责范围内得到高效行使。其次，纵向权力管控模式需加强对下级权力的有效监督与管理。下级部门应严格按照规定，向上级领导全面报告权力运作的详细过程及最终成果，以确保权力运行符合党的纪律和国家法律法规，同时促进问题的及时发现与纠正。最后，在人事安排方面，应坚持选拔任用具备优秀性格特质的干部。下级部门的主要领导应选用那些性格坚定有力、兼具敏锐洞察力和多方面应对能力的干部。这样的干部能坚决执行党的决策，有效应对各种复杂局面，为组织目标的实现提供有力保障。

2.横向权力边界存在模糊化趋势与权力纵向边界的组合管控模式

在这一模式下，我们提出以下原则予以规范：首要之务在于强化横向权力边界的明确性，明确界定各方在横向权力管控中的责任范围，并提升管控效率；其次，需加强对下一层次权力边界的规范与监督，确保权力运作的高效与规范；最后，在下一层次主要领导的选拔任用上，除了注重具备力量型基础性格的干部外，还应广泛吸纳兼具敏感型与多面型性格特征以及其他性格类型的干部，以优化领导团队的构成，提升整体决策的科学性和执行力。

权力边界的清晰与否并无固定标准，然而，它与领导体系的构成紧密相关，故需领导者在实践中灵活把握、顺势而为，妥善加以运用。

第五节　用人艺术

一、不拘一格的用人艺术

用人不拘一格的核心要义在于，面对人才与岗位不匹配的情形，领导者应勇于冲破既有成规，通过实践磨砺与发掘人才潜能。实施这一用人策略，须满足两大先决条件：第一，领导层须展现出卓越胆识与敢于担当的冒险精神；第二，思想观念的革新与人才结构的优化亦需刻不容缓。此二者相辅相成，缺一不可。若缺乏领导胆识与冒险精神，用人之道将失去稳固基石；若缺乏求新求变的紧迫感，用人策略将失去前进动力，更将面临重重阻力。

不拘一格的用人艺术主要有以下几种方法。

（一）拔苗助长法

所谓拔苗助长，是指在未及火候之际，便以强力手段强行改变事物的自然成长规律，其结果往往背道而驰，适得其反。我们必须清醒认识到，田间禾苗之所以枯萎，并非其思想意识存在问题，而是方法运用不当所致。显然，此法的谬误主要表现在两个方面：一是硬拔之法，严重损伤了禾苗的机体；二是拔苗之时，不慎伤及了禾苗的根系。禾苗既伤身又损根，对其生长而言无疑是致命打击，枯萎自然在所难免。因此，若想促进禾苗健康茁壮成长，必须切实做好两项基础工作。其一，需为禾苗成长"松绑"，即消除板结土壤对根系的束缚，使其得以自由舒展，充分吸收养分；其二，需精心"修枝剪叶"，科学调控养分的分配，确保资源得到最大化利用。

在选人用人方面，我们同样应警惕拔苗助长式的做法。首先，应以更加开放包容的心态，不拘一格地选拔和任用人才，让他们在实践中锻炼成长；其次，对于已选定的人才，应给予充分信任和支持，让他们能够放开手脚、大胆创新；最后，还应注重发挥人才的专长和优势，实现人岗相适、人尽其才。

（二）扬长避短法

世间人才众多，而诸多领导者却常感叹人才难求。其中的原因何在？经深入剖析，我们发现，领导者在用人之时，往往过于求全责备，甚至以显微镜般的眼光去挑剔人才的瑕疵。

清朝学者申居郧在其著作《西岩赘语》中曾明确指出："人才各有所宜，用得其宜，则才著；用非其宜，则才晦。"这一论述深刻揭示了人才使用的真谛：唯有将人才放置在适合的岗位上，才能充分发挥其才华与潜能；反之，若用人不当，则可能导致人才埋没，甚至产生负面效应。以庞统为例，他是一位全才，能够一目十行、左右手同书，一日之内便能断明半年积案。然而，倘若长期将其置于县令之职，恐怕也会因其无需日日理政而给人留下"懒"官印象。这一案例充分说明，即使拥有卓越才能的人才，也需要在合适的岗位上才能发挥其最大价值。

因此，作为领导者，在选拔和使用人才时，应秉持严谨、稳重、理性的态度，以官方、规范的标准来评价和选拔人才。同时，还应根据人才的特长和优势，将其放置在合适的岗位上，以充分发挥其潜能和才华，推动各项事业的蓬勃发展。

（三）亲亲善用法

自古以来，用人之道便流传着"内举不避亲，外举不避仇"的至理名言，然而在实际操作中，却常面临"知易行难"的困境。相比之下，外举不避仇较易实现，而内举不避亲则显得尤为艰巨。外举不避仇，只需跨越个人心理障碍，便能成就个人与国家的双重大义。内举不避亲之所以难以践行，不仅在于需超越自我认知，更在于需克服社会舆论与公众期待所带来的压力。

在超越自我的过程中，存在两大难点。一是知人之明，对于亲人而言，往往难以客观看待其能力与素质，因为选择性失明是人之常情。二是需克服避忌流言蜚语、珍视清誉的心理障碍，坚定公正用人的原则。

然而，在当前社会背景下，我们面临的问题多数基于理性经济人原理，人们往往以自身利益为首要考量，因此任人唯亲的现象屡见不鲜。这与我们党一贯倡导的任人唯贤、公正用人的原则背道而驰。

因此，我们更应大力倡导内举不避亲的原则，坚持公正用人、唯才是举的导向。在任用时，必须确保考察更为严格、监督更为到位，确保用人决策的科学性、公正性和合理性。同时，我们还应加强干部选拔任用工作的透明度，接受社会各界的监督，以树立党的良好形象和公信力。

二、围追堵截的用人艺术

此用人之法旨在锤炼个体的坚毅品质与顽强精神。所谓围追堵截法，实质上是通过设置重重障碍，甚至刻意制造困境，以考验个体在困境中的应对方式。此法不仅意在限制个体的行动自由，甚至可能阻碍其正常工作进程，从而观察其后续表现：是易怒易躁、满腹怨言，还是自我放弃、沉沦不振？抑或忍辱负重、坚守初心，或是潜心钻研、提升自我？

若个体表现出前几种状态，则表明其情绪易于外露，修为尚浅，对事物的认知与处理能力尚待提升，短期内恐难以承担重任；而若展现出后几种状态，则意味着其性格稳重，不为浮名所动，能够抓住一切机会自我完善，展现出超常的自信心和对人对事的高度认知。此类人才值得大胆启用，亦必将不负众望。

需强调的是，围追堵截之法务必谨慎运用，通常仅适用于那些拟将委以重任的个体，以确保其具备应对复杂挑战的能力与品质。

（一）张冠李戴法

此法旨在通过特定情境设置，深入观察和评估被考察者在面对领导对其工作成绩的不同对待方式时的反应和应对能力。

具体而言，通过模拟领导对被考察者工作成绩视而不见或故意贬低，甚至将成绩归于他人、错误归咎于己的情况，以观察其心理反应和应对策略。在此过程中，被考察者往往会主动向领导陈述事实，以证明自身的工作成果及清白。此时，领导可采取适当的方式予以回应，轻描淡写地处理相关情况，甚至适度提出批评，以进一步观察被考察者的后续反应和处理能力。

此法之妙处在于两点：其一，通过此种方式，能够促使被考察者进行自我反思，深入思考为何在取得成绩的情况下，却未能得到领导的充分认可，甚至遭受忽视或贬低，进而审视自身在工作态度、能力水平、人际关系等方面是否存在不足或疏漏；其二，此举亦能对周边人员产生一定的影响，使其开始关注并揣摩被考察者与领导之间关系的变化，进而在一定程度上反映出周边人员的政治敏锐性和组织纪律性。

这两个因素相互作用，相互协同，既有助于锻炼被考察者的心理素质、政治素养和应变能力，同时也能够通过观察周边人员对当事人态度的变化，进一步了解和分析周边人员的政治立场、思想动态和道德品质，为组织选拔任用干部提供重要参考依据。

（二）小题大做法

所谓小题大做，实则是对众人，尤其是当事人自认无足轻重之事，进行必要的强调与深化处理。此举旨在锤炼个人的心理韧性与成熟度，以达到提升综合素质的目的。

小题大做的实施形式主要有两种：一是在公开场合进行，二是在私下场合实施。公开场合既可以是庄重的会议场合，也可以是人员相对集中的其他正式环境。在实施方式上，可采取直接点名道姓提出批评的方式，亦可通过含蓄而明确的方式，指出问题所在，并暗示相关责任人。经过一两次此类方法的运用，当事人往往会深感压力与挑战。

对于心理承受能力较弱的个体，可能会因此感到茫然失措，甚至产生对前途的悲观情绪。而韧性稍差的个体则可能会对自己在领导心中的形象及地位产生疑虑，对未来发展感到动摇，甚至产生寻求其他出路的念头。因此，在实施小题大做策略时，必须注重方式方法，确保既能达到锻炼提升的目的，又能避免对个体造成不必要的负面影响。

（三）大材小用法

此法系通过合理安排岗位，将那些自我评价很高乃至被公认具有卓越才干的人才调配至非核心或一般性工作岗位。通过实践锻炼，引导这些人才深刻反思自我认知，从而树立正确的工作态度，进一步磨砺他们的意志品质和内在修为。尤其对于怀揣崇高职业理想的新进人员，此法能够有效检验其真实素质。

三、视而不见的用人艺术

此法旨在通过有意忽略特定个体及其观点与重要机遇，观察其反应，以磨炼其毅力、增强其定力，进而提升其个人修养水平。个人的痛苦并非源于繁重的负担，反而往往源自过度的空闲。同样地，个体的苦恼不仅源于其缺陷被众人所觉察，更在于其成就被忽视或低估。对于有志于追求卓越的人来说，这种现象尤为明显。因此，在这样的情境下，那些怀抱雄心壮志的人更能够保持冷静与坚定，心无旁骛地投身于自己的使命。反之，心态浮躁者则容易在纷繁复杂的外界干扰中迷失自我，甚至陷入消极情绪，难以自拔。

（一）不闻不问法

此法旨在通过采取"疏离"之策，对特定人员实行一段时间的"忽视"，既不涉其思想动态，亦不过问其生活状况，更不关注其工作进展，俨然一副将其置之度外的态势。此法意在造成个体心理层面的强烈反差，特别是对于那些曾深得领导器重、长期在领导身边工作的人员而言，这种突如其来的变化必然会使他们感到无所适从，甚至心生惶恐。

因此，个体在此后的行为选择显得尤为关键：若其能够秉持岗位职责，恪尽职守，勤勉敬业，以高度的责任感和使命感做好每一项工作，将过去领导的关怀视作平常之事，对现今领导的不闻不问亦能泰然处之，那么至少可以反映出以下几点特质：一是其自信心坚定，既对自己充满信任，也对组织和领导抱有信心；二是其专注力集中，能够全身心投入本职工作，不为外界所扰；三是其韧性十足，对事业发展尤其是工作成效有着深刻理解和独到见解，坚信通过不懈努力和深厚积累定能取得优异成绩。

反之，若个体因此变得心神不宁，工作敷衍塞责，频繁寻求与领导接触的机会，甚至通过打听小道消息来探究领导态度转变的原因，则表明其缺乏自信，对领导和组织信任不足；同时，其心态浮躁，急功近利，过于追求个人升迁；其关注点并非在于踏实工作、积极作为，而是过分看重与领导的关系。对于此类人员，其未来发展前景堪忧，因此，在委以重任之前，必须对其进行深入细致的思想教育和严格的管理监督。

（二）空缺的艺术

空缺的用人艺术，即在特定时段，尤其是较长时间内，将某一关键职位暂时留空，尤其适用于那些自以为适合该职位的个体。此法的精妙在于始终给予人们以希望，且此希望非专属于某一特定个体。如此，既可有效激励有望之人，亦能为他人留存期望。若运用得当，此法可激发一批人积极投身工作。需注意的是，空缺的用人艺术通常仅适用于副职岗位，在给予与该职位相关人员最大期望的同时，亦能给予其他人员以希望。至于组织的主要领导岗位，运用此策略时需格外审慎，因长时间空缺主要岗位可能导致权力真空，易引发权力分割，甚至形成小团体。若此，则空缺非但无法体现用人艺术之美，反而可能成为引发混乱的根源。

（三）轮换的用人艺术

此法旨在构建一个临时展示平台，以供人才充分展现自我，接受各方细致而全面的考察。此法实施的前提在于存在多个候选人。以某单位一把手即将空缺为例，若适合的候选人众多且各具优缺点，那么选择合适的继任者将成为一个颇具挑战性的任务。若处理不当，提拔某一人可能会打击其他人的积极性，进而影响到整个班子的团结和协作。

经过深思熟虑，上级与现任一把手决定采用轮换方式，为他们提供一个临时的表演舞台：通过设立值班领导制度，让每位候选人轮流行使一把手的权力，每轮为期两个月。经过两个月的实践，上级以及其他班子成员、部门及下级单位对他们的表现有了更为清晰和深入的了解。在此基础上，再通过民主集中的方式进行选择，便相对容易许多。通过这种方式，无论是胜选还是落选的人才，都能保持平和心态，继续相互合作，共同推动组织发展。

领导理论明确指出，用人之道实为一项精妙的艺术。若将我们共同奋斗的事业比作一部气势磅礴的交响乐，那么岗位便是各具特色的乐器，而人才则扮演着乐手这一关键角色。乐谱之上，音符能否精准转化为悦耳动听的乐曲，全然依赖于乐手与乐器之间的密切协作与高度融合。同理，每一乐器所奏之曲能否融入整体，形成和谐交响，亦需整个乐队的协同配合与精准调度。而乐队能否实现浑然一体、和谐共振，其关键则在于乐队指挥的精准引领与高效指挥。

因此，用人艺术的精髓在于将适宜之人才配置于恰当的岗位，并在充分发挥不同岗位人才潜能的基础上，进行精准有效的管理与协调，使众人凝心聚力、共谋发展，共同谱写新时代壮丽篇章。在领导体系的运作过程中，一把手作为乐队指挥的核心角色，肩负着引领方向、统筹协调、推动落实的重大责任，其决策与行动对于整个团队的凝聚力、战斗力具有至关重要的影响。

第十章　沟通艺术的提升

领导理论明确指出，领导的内在修养主要体现在思想、理念与品格的锤炼上，而外在表现则侧重于有效的沟通。故而，卓越的沟通能力对于领导而言具有至关重要的意义。

第一节　沟通的理论

沟通，是指人与人之间借助文字、语言、表情及肢体动作等媒介，进行信息传递与理解的过程。在组织行为学的研究范畴内，对沟通现象的观察与分析主要聚焦于组织内部不同群体间的互动与交流。据此，组织行为学将沟通的功能界定为三个方面：控制、激励情绪表达以及信息传递。在探讨沟通的方式时，组织行为学将其归纳为自上而下、自下而上以及水平沟通三种基本模式。

一、领导理论中对沟通要素的要求

领导学作为深入探索领导艺术与科学的重要学科，对于沟通理论的涉猎却相对有限。在沟通理论的研究范畴内，领导理论不仅覆盖的广度远超公共关系学和组织行为学，其在程序规范、过程控制等方面也展现出更为严谨与精细的特质。领导理论的研究不仅限于语言、文字等交流媒介的探讨，更对时间把握、场景选择、对象分析、内容规划、形式设定和方法运用等沟通要素提出了极为严谨的要求。

（一）时间

沟通对象、内容及形式的差异，导致对时间要求的不同。以政府新闻发布为例，此种沟通方式主要面向媒体记者，发布内容具有权威性，因此在时间安排上需格外严谨。具体而言，一方面，开始时间务必精准无误，除非遭遇极为特殊的情况，如原定于上午十点开始的发布会，必须确保在十点整准时开始，分秒不能差；另一方面，时间长度应保持相对稳定，通常波动幅度不宜超过十分钟。

（二）场景

沟通场景因涉及的对象、形式及内容的不同而呈现多样性。一般而言，当沟通双方的社会地位较为显赫时，沟通形式会趋于正式化，且对场景氛围的要求亦随之提升，强调庄重与肃穆。特别是在国际关系的语境下，政府间的沟通占据着尤为重要的地位。沟通层级越高，对场景庄重性的要求便越为严格，通常需包括国旗等彰显国家主权的元素作为场景布置的重要部分。至于其他类型的沟通场景，一般而言，亦需进行适当的会场布置及明确的主题说明，以确保沟通活动的顺利进行。

（三）对象

沟通对象在多数情境中，不仅是不同场景的代表，更是决定沟通形式的核心要素。一般而言，无论是政府间的高层会谈，还是商业、学术界的正式会面，会谈双方的层级越高，所采取的沟通形式就越趋于正式化，场景布置也更为庄重肃穆。此外，在确定沟通形式与场景安排时，需充分考量主客双方的社会关系，以及主尊客卑的礼仪原则，即根据双方的社会地位进行合理布置与安排。总体而言，沟通形式与场景设置的确定应遵循核心原则，即充分尊重并依据社会地位较高一方的意愿进行妥善规划与实施。

（四）内容

沟通内容作为沟通的核心环节，对于确定沟通时间、场景、对象、形式与方法等要素具有至关重要的影响。在国家治理层面，我们应当以政治议题为首要考虑，将国事置于最高优先级，其次才是经济文化等相关领域。基于不同的沟通内容，时间、场景、对象以及形式的选择均需与礼仪规范等因素紧密关联，这些因素往往共同构成并决定着沟通内容的最终成果。

（五）形式

在现代社会，沟通形式日趋多样，既有传统的信函、会议等形式，也有信息化条件下的新型沟通手段，如微信、推特、视频等。这些沟通形式各有特点，应根据实际需要灵活运用。信函作为书面沟通的重要方式，可分为一般文字书信与法律文书两类，应严格按照规范进行撰写和发送。会议作为面对面沟通的重要平台，可根据需要选择视频会议或现场会议的形式，严格按照会议纪律和程序进行组织和管理。

此外，在沟通过程中，我们还应根据沟通内容、对象、场景以及沟通方式的变化，灵活调整沟通策略和方法。通报式、问答式、辩论式等多种沟通方法应综合运用，以确保沟通效果的最大化。同时，我们还应注重培养沟通主体的应变能力和专业素养，提升沟通技能和水平，形成具有鲜明特色的沟通艺术。

二、沟通过程的管控

在各种沟通形式中，无论是哪种方式，其本质均系人与人之间为加深相互理解而进行的交流活动。在个人层面，沟通方式往往相对灵活多样，尤其在当前自媒体盛行的时代背景下。然而，领导理论所探讨的沟通理论则具有极高的严肃性和重要性。领导理论特别强调沟通的目的导向性，旨在达成某种共识或建立默契。因此，在研究沟通理论时，领导理论需更加关注沟通过程的精细管理，包括但不限于明确沟通目标、预先制定沟通预案以及严密把控沟通过程。预案与过程的精心设计和实施，均为实现既定目标而服务，并构成目标能否顺利达成的关键因素。

(一)明确沟通目标

无论是组织之间预设议题的正式沟通,还是个人之间非正式的交流互动,均蕴含一定的目标指向,这是沟通的根本宗旨。任何组织化的沟通行为,均须明确设定目标,即便是个人间的随意交谈,亦应发挥增进了解、促进团结的积极作用。因此,沟通目标作为沟通管理的首要环节,具有不可替代的重要性。

沟通目标有大有小,涉及的主客体关系错综复杂,其实现与否,不仅依赖于沟通技巧的恰当运用,更受限于诸多外部因素的制约和影响,特别是在对方掌握关键资源和主动权的情况下。故而,我们必须以严谨的态度、规范的流程,确保沟通目标的顺利实现,为推动工作进展、促进事业发展奠定坚实基础。

(二)预置沟通预案

预案应详尽规划,包含团队人员配置、核心内容概述,以及沟通频率与时机等关键要素。特别是在团队协作的部署上,主导沟通的人员需精准把握核心要点,以恰当的表述方式传达信息,并有效掌控沟通节奏,以确保沟通目标的顺利实现。然而,需明确的是,在实际执行过程中,诸多情境难以事先预料,这就要求沟通双方具备灵活应对的能力。通常情况下,沟通应在和谐融洽的氛围中展开,但尤其在涉及重大利益问题的讨论时,尽管并无明显的冲突与对抗,却往往弥漫着紧张与对立的气氛。因此,预案中团队的分工与角色定位尤为关键,其最终效果取决于各角色之间的默契配合与协同工作。

在领导实践中,沟通扮演着至关重要的角色。有效的沟通能够显著提高工作效率,实现事半功倍的效果;而无效的沟通则可能导致事倍功半,甚至可能引发团队内部的离散情绪,对组织的发展造成不利影响。因此,领导者在领导实践中,应充分结合自身的实际情况,善于运用各类有效的沟通工具,从而有效凝聚团队力量,推动组织不断取得新的胜利。

第二节　沟通艺术的对象逻辑

沟通要展现艺术性，就必须妥善处理与沟通对象之间的关系，而建立良好关系的基础在于准确理解沟通对象的特质。唯有对沟通对象有清晰的认知，方能在沟通对象与沟通方式、手段之间构建起恰当的逻辑关联。只有在这样的逻辑关联下，沟通的内容方能得以顺畅展开，沟通目标也才能够得以实现。沟通双方之间的逻辑关系主要包括以下几个方面。

一、"居高临下"的沟通逻辑

在此类沟通关系中，讲者往往占据着主导地位，发挥着关键作用。而听者虽处于被动地位，但其态度与反应同样对沟通效果产生深远影响。从讲者与听者的互动关系来看，听者常常存在疑虑，甚至是抵触与不合作的心理倾向。若讲者仅以完成任务的心态进行沟通，而听者又抱有被迫参与之感，那么沟通不畅便成为难以避免的结果。

然而，我们深知，沟通是一门艺术，需要讲者善于运用文字、语言以及场景设置等多种手段，来增强沟通效果。只要讲者能够充分发挥沟通艺术的魅力，以严谨、规范、严肃的态度进行沟通，那么必定能够克服沟通中的种种困难，取得良好的沟通效果。

居高临下的沟通逻辑主要有以下几种。

（一）我说你听式的沟通逻辑

例如，在老师授课、学生听讲，以及举办各类报告会的场景中，我们常常发现，如果仅仅依赖传统的沟通逻辑，往往容易造成讲者长篇大论而听者却昏昏欲睡的现象。针对这种情况，讲者的沟通艺术显得尤为关键。为此，讲者应在以下几个方面进行重点提升：在语言表达上，应力求精练且生动，能够迅速吸引听众的注意力；在语言组织上，应注重节奏感和韵律感，使听众在聆听过程中保持兴奋和愉悦的状态；在表情和肢体语言上，应善于营造氛围，使听众产生强烈的参与感和代入感。

（二）角色转换的沟通逻辑

沟通的核心难点在于听者与讲者之间存在心理隔阂。为有效打破这一壁垒，缩小双方心理距离，使沟通达到更高的艺术境界，我们在此分享两种经过实践验证的经典方法。

首先，回溯至解放战争时期，解放军在历次战役中均能够成功俘虏大量国民党士兵。通过精心组织的思想教育，这些原本士气低落的国民党士兵迅速转变为斗志昂扬、英勇善战的解放军战士。其关键在于解放军善于利用"忆苦思甜"大会这一形式，使俘虏士兵深刻认识到，台上讲述的解放军战士与他们有着相似的出身和经历，甚至不久前还与他们并肩作战。这种共鸣使得听者与讲者之间的心理距离大幅缩短，进而实现了从散兵游勇到精兵强将的快速转变。

其次，讲者需深入理解和体验听者的立场与感受，以真诚的态度和务实的作风，分析共性问题并分享个人成长经历。特别是那些曾经的挫折、未来的挑战以及必须克服的困难，讲者应通过生动的实例向听者传递出积极向上的信息：只要坚持不懈、勇往直前，你同样能够取得优异的成就，甚至超越我。这种沟通方式不仅能够消除彼此之间的心理障碍，还能够激发听者的内在动力与潜能，开创更加美好的未来。

（三）请跟我来的沟通逻辑

此类沟通逻辑多见于动员现场，演讲者需面向广大听众，以发表演讲的形式传达重要信息。其核心目标在于通过精心设计的沟通逻辑，有效激发听众的共鸣，进而形成高度一致的思想共识。

为确保沟通效果的最大化，语言组织能力的运用显得尤为重要。演讲者需将深奥的理论和思想转化为简明扼要、通俗易懂的表达形式，以便广大听众能够深刻理解并接受。

在演讲过程中，以下关键环节需予以充分重视和把握：首先，开场白应迅速而准确地抓住听众的注意力，通过精炼有力的语言，将听众迅速带入演讲者预设的逻辑框架之中。其次，语言与语音的运用需兼具艺术性与规范性，既要富有鼓动性和感染力，又要保持严谨的逻辑性和准确性。同时，肢体语言应丰富而得体，避免过度夸张或失于拘谨，以符合党政场合的庄重氛围。

此外，演讲的结尾部分同样至关重要。通过深入人心的总结与升华，使听众在心灵深处产生共鸣，留下深刻印象。演讲者需巧妙运用设问、反复、反驳等互动技巧，调动听众的情绪，以逻辑与艺术的双重力量将思想精髓传递给每一位听众。

在整个演讲过程中，演讲者应始终保持高度的政治敏锐性和责任感，确保演讲内容符合党政方针政策和宣传要求。同时，应注重与听众的互动与交流，通过倾听和反馈不断完善演讲内容和形式，以更好地服务于党政工作大局。

二、"鹤立鸡群"的沟通逻辑

在这类沟通关系中，讲者与听者之间的互动关系极为复杂且微妙，二者总体上处于同等的沟通平台之上。在某些特定方面，讲者可能拥有一定的优势或占据相对主导的地位；然而，在其他情况下，讲者也可能处于相对劣势的境地。值得注意的是，讲者并不具备绝对的话语主导权，甚至时常面临被问询的情境。因此，沟通技巧或艺术成为影响沟通结果的关键因素。特别是在设定了明确沟通目标的情况下，语言表达、仪态展现以及肢体动作的表达都显得尤为重要。

（一）以我为主的沟通逻辑

讲者在沟通中扮演关键角色，特别是在掌握话语权方面拥有相对优势。因此，讲者应高度重视沟通媒介的有效运用，尤其是语言与肢体表达的精准度。在仪态上，讲者应展现出庄重、专业的形象，避免任何轻浮或不雅的举止。语言表达方面，讲者应力求言简意赅、逻辑清晰，确保信息准确传达。

在答辩等场合中，讲者应充分发挥个人专业素养，展现深厚的学术或商业背景。同时，应避免情绪化表达，保持冷静、客观的态度。语速控制得当，语气坚定而自信，有助于增强说服力。

此外，讲者还需注意面部表情和肢体动作的协调配合。表情应自然、亲切，避免过于僵硬或夸张；肢体动作则应适度、得体，有助于强化语言表达效果。

在回答沟通对象的质询时，讲者应针对不同情境选择合适的回应方式。无论是坦诚回答还是果断反驳，都应确保信息准确、态度明确。同时，语言应简洁明了，避免冗长繁琐，以便更有效地传递核心信息。

（二）宾主有序的沟通逻辑

在正式社交场合中，不同组织（单位）之间的相互拜访是常有的事务性活动。在此类活动中，宾主双方的角色定位明确，关系清晰。然而，并非所有拜访活动都能维持友好和谐的气氛，有些场合虽不至于剑拔弩张，但也充满了微妙的对立与较量。

在氛围融洽、结果可控的沟通环境中，礼仪规范等表面工作显得尤为重要。此时，沟通逻辑应遵循客随主便的原则，展现己方应有的风度和教养。而在其他场合，特别是涉及利益博弈且双方地位不完全对等的情况下，虽然仍需保持宾主有序、客为辅的沟通逻辑，但客人一方亦需适时、适度地表达自身立场和诉求。

即便在必须针锋相对的场合，若一方主要领导不便直接出面表达意见，助手人员亦应挺身而出，代为发声。这既是对领导工作的有力支持，也是展现己方团队协作精神和应对复杂局面能力的重要体现。

三、"滚石上山"的沟通逻辑

顾名思义，此类沟通逻辑所涉及的沟通对象，在各个方面均占据显著优势地位，对于沟通者而言，往往带有一定的"知其不可而为之"的意味。例如，向上级进行工作汇报、求职面试过程、商业债务重组谈判及法庭辩护等场合，均属于此类沟通逻辑的典型应用场景。在这些场景下，沟通对象通常处于主导地位，掌握着话语权。因此，沟通逻辑需清晰明确：首要关注沟通对象的关切点，同时兼顾己方的利益诉求，以对象的关切点作为沟通逻辑的起点，以己方的利益诉求作为沟通逻辑的终点。通过此种方式，确保沟通过程既符合对方的需求，又能够实现己方的目标。

（一）向上级汇报的沟通逻辑

在领导实践中，此类沟通屡见不鲜。多数领导既需进行工作汇报，亦需聆听下属的汇报。此类沟通情形纷繁复杂，可概括为以下几类：

一是常规年度汇报，其沟通脉络应遵循：成绩应充分展现，问题需深刻剖析，分享经验应富有创新，指出不足需引以为戒，并针对问题提出切实可行的措施。在此过程中，需注意避免成绩叙述冗长繁琐，过分追求华丽辞藻；问题剖析切忌蜻蜓点水，应以客观事实为依据；经验分享应真实可信，避免重复陈词滥调；指出不足时，不宜夹杂过度粉饰之辞；措施提出需具备针对性，避免泛泛而谈；提出努力目标应具体明确，避免空洞无物。

二是专题汇报，其沟通重点在于紧扣主题，直截了当，避免过多的铺垫与修饰，特殊情况下可酌情处理。汇报内容应言简意赅，力求精练，书面报告篇幅宜控制在五页纸以内，口头汇报时间则以十五分钟为宜。

三是事故（问题）报告，其沟通重点聚焦于背景材料需精炼扼要，问题阐述应深入透彻，主要分析主观原因，对于客观因素的描述需审慎对待，避免随意拼凑，即便是不可抗力等客观因素亦应尽量避免提及。

（二）求职与面试的沟通逻辑

一般而言，此类沟通不与领导理论产生显著关联，在此我们仅作简要提及。其沟通的核心逻辑在于：语言应简洁且明确，需针对关切的问题进行提问（包括但不限于考察反应速度与知识广度等方面），并在回答时仅回应应当回应的内容，务必避免急于求成或答非所问的情况出现。

（三）有求于人的沟通逻辑

此类沟通主要分为两种形式：

一是"损人利己"类沟通。此类沟通无论是对于个人还是组织而言,均属难度较大的范畴。原因在于,此类沟通在追求自身利益的同时,往往伴随对他人利益的损害。在沟通策略上,虽显直接,却需遵循一定的逻辑。首先,应以情感交流为先导,争取对方的理解与支持,尤其是在与关系紧密的同志或伙伴沟通时,更应坦诚相待,直接表达求助之意。其次,需以理服人,明确阐述利益关系的复杂性与相对性,使对方认识到双方利益的相互依存性。

二是"先取后予"类沟通。此类沟通在社会活动及商业合作中尤为常见,特别是在企业重组谈判等关键场合。沟通的核心在于诚信与利益的平衡,即以诚信为基石,辅以利益考量,实现先取后予的沟通目标。所谓"先取",即指通过深入交流,充分了解对方关切与需求,同时展示己方的诚意与决心,以获取对方的信任与支持。而"后予"则是指在取得对方信任与支持的基础上,进一步阐述己方的优势与资源,以及能够为对方带来的实际利益。

沟通对象是沟通艺术的核心要素,无论是处理家庭琐事、国家大事还是全球议题,都需要深入了解和精准掌握沟通对象的背景与特点。即便在情况紧急、时间紧迫的情况下,难以立即把握要点,也应当敏锐观察、细致分析,以迅速明确沟通对象的相关信息。否则,我们和团队可能将置身于极为被动的境地,面临诸多不利因素。

第三节 沟通的语言逻辑

一、保障沟通顺畅的语言逻辑

一般而言,沟通需要满足两个核心要求:首先是确保沟通渠道的畅通无阻,以维持信息的顺畅流通;其次是提高沟通效率,以加快信息的传递与处理速度。然而,在领导理论的语境下,沟通还需满足第三个关键要求,即提升沟通品质,以增强信息传递的精准度和影响力。无论沟通的场合和对象如何变化,保障沟通顺畅始终是语言逻辑的基础要求。这三个要求层层递进,对综合素质的要求也越来越高。保证沟通顺畅的语言逻辑要求包括以下内容。

（一）平衡

所谓平衡，即在沟通中，各方发言应基本持平，以维护交流的公正与和谐。唯有确保此种平衡，方能确保沟通顺畅进行，取得预期成效。使他人无从插话，沦为单纯倾听者，实乃失礼之举，其沟通效果亦将大受影响。因此，除在必要情况下进行陈述或情况介绍外，应杜绝个人独占话语权、滔滔不绝的现象，确保沟通氛围的和谐与稳定。

（二）清晰

无论涉及何种语言种类、语速快慢或是音量大小，均应确保在场人员能够清晰理解并有效接收信息。对于特定场合中使用第三方语言的情况，可视为特殊情况予以理解。值得注意的是，某些地区的群众对其方言存在一种特殊的文化认同感和自豪感，他们往往在不充分考虑其他地域人士在场与否以及方言理解者数量的前提下，随意在交谈中穿插方言词汇或段落。这种行为缺乏必要的礼仪规范，易使在场的其他人员感到困惑，甚至产生不必要的误解，仿佛他们之间的交谈隐藏着某种不宜公开的秘密。因此，我们强调在公共场合的沟通交流中，应充分尊重并照顾到在场每一位人员的感受，确保信息的准确传递和有效沟通。

（三）得体

所谓得体，是指在与他人沟通时，所使用的语言逻辑应当与双方的身份地位、所处的沟通场景以及沟通的内容相契合。具体来说，根据"贵者言，依于势"的得体要求，我们必须在沟通中充分尊重对方的地位，避免使用任何对尊贵者不敬的言辞来刻意展示所谓的权势。正确的语言逻辑应当是保持言语的恭敬，表达内容应中规中矩，遵循理法，以坚定而不容置疑的语气、平稳而不急不缓的语速、沉稳而中低厚重的语音来传递信息。

二、提高沟通效率的语言逻辑

提升沟通效率，不仅有助于解决运作不畅的难题，更有助于消除误解，促进谅解与共识的达成，甚至在一定程度上形成默契。为实现这一目标，提高沟通效率的语言逻辑需包含以下关键要素。

（一）言简意赅

提升工作效能的必由之路，在于力求表达上的简洁、再简洁。凡能够通过一句话清晰传达的事项，务必避免使用两句话来表述；凡能够用一个字精准概括的意涵，绝不采用两个字来赘述。需要强调的是，这里的简洁并非无原则的缩减，而是在确保言简意赅的基础上，力求表达内容的完整性与精确性，确保无任何信息遗漏。

（二）通俗易懂

在政务沟通工作中，诸多障碍不容忽视，诸如表述模糊、言辞含混、咬文嚼字、故作玄虚等，均系沟通特别是书面沟通中的常见弊病。有一则文坛典故，堪称阐释清晰明了、逻辑严谨之语言运用重要性的经典例证。宋代文学泰斗欧阳修与知名文学家宋祁，二人共同承担《新唐书》的修撰任务。期间，宋祁偏好使用生僻字词，致使所修条目艰涩难懂。欧阳修虽数次以委婉之辞提醒，然效果甚微。一日，欧阳修于门上题写一联："宵寐非祯，札闼洪休。"宋祁观后，对欧阳修言："汝不正是欲言'夜梦不祥，题门大吉'乎？何必如此故作高深？"欧阳修闻此，立即反问："吾此举，岂非效法于汝？"宋祁领悟其意，遂在后续《新唐书》修撰工作中，尤重措辞之通俗易懂。由此可见，政务沟通中，采用简明扼要、通俗易懂的表述方式，往往能够化解诸多难题，提升工作效率。

（三）重点突出

为提升沟通效率，务必遵循语言逻辑，确保重点突出。比如，某领导干部空降一地担任要职，其就职演讲堪称沟通效率之典范。他仅发表四句话，涵盖四个核心要点，全程耗时不足一分钟：一是对大家的接纳表示衷心感谢；二是承诺勤勉工作，绝不懈怠；三是坚守公正廉洁原则，绝不徇私舞弊；四是欢迎并鼓励大家对其工作提出严格要求与监督。此举瞬间拉近了他与在场干部之间的距离，为今后工作的顺利开展奠定了坚实基础。

三、提升沟通品质的语言逻辑

提升沟通品质，是在确保沟通流程顺畅无阻、效率显著提升的基础上，所追求的更高层次的沟通与表达水平。这一目标的实现，对沟通者的要求更为严格，其深远影响亦不容忽视。高品质的沟通不仅能够显著增进沟通效率，而且有助于提升团队的向心力和凝聚力，进而更易形成统一的团队意志。

然而，提升沟通品质的过程中，对语言逻辑的要求也相应提升。这既是对沟通者口才与语言组织能力的考验，更是对其综合素质的全面检验，同时，还需考验沟通者在现场的实际表现，即所谓的表达能力。因此，为了提升沟通品质，我们需要在语言逻辑方面进行以下几个方面的深入修炼。

（一）雅俗共赏

雅俗共赏的内涵与外延因人而异，各有见解。在社会学领域，雅俗之分往往依据周礼的界定进行论述，即所谓"不雅则俗"。据此，《唐韵》一书中的注解明确指出："上（政府）所倡导者为风化，下（民众）所遵循者为习俗。"换言之，政府所倡导的风化即为雅，而民众在日常生活中自然形成的习惯则归为俗。风化代表着社会的道德准则，而习俗则是在这些道德准则指导下的行为方式。从这个层面来看，当道德准则被广大民众所接纳并转化为日常习惯时，即大雅逐渐融入大俗的过程；反之，当民众的习惯被提升为社会的道德标准时，则标志着大俗向大雅的转化。

（二）幽默风趣

幽默风趣作为社交交流中的一项精湛技艺，非短时间内可以精通。其精髓在于以一颗善意之心，运用巧妙的智慧，透过言辞将事物的内在含义点化出来，从而揭示出其中的趣味，使人们在交流中感受轻松愉快的氛围。幽默风趣不仅具备轻松愉悦的效果，更在特定场合展现出其独特力量。值得注意的是，幽默风趣并非单纯为了取笑或逗乐，而是建立在庄重、严肃基调上的微笑，其中蕴含着深刻的严肃内容。如若过度追求粗俗的取笑和逗乐，只会引起他人反感，甚至可能伤害到他人。

（三）醍醐灌顶

醍醐灌顶一词，意在形容某句话或某种启示能够使人从迷茫中觉醒，达到恍然大悟的境地。在人际交往的过程中，尽管我们时常会遇到彼此观点针锋相对、对对方充满期待却难以看到明显进步的情境。如果采用答非所问、避重就轻、婉转曲折的沟通方式，往往能够取得意想不到的效果，达到醍醐灌顶般的启示作用。

（四）大音希声，于无声处听惊雷

提升沟通品质，并非仅仅依赖于华丽的言辞或是和谐的氛围，更为关键的是需要以真诚之心倾听他人之声、理解他人之意。同时，我们亦应学会在适当时机保持缄默，让沟通的品质在无声之处得以显现，从而彰显其深刻内涵。

第四节　沟通的结果逻辑

领导理论指出，沟通若未能取得实质性成果，即便其过程再具艺术性、再趋完善，亦不过是空中楼阁、虚幻泡影，缺乏实际价值。因此，在领导理论中，重视沟通过程固然是不可或缺的重要环节，但更为关键的逻辑归宿在于追求切实的沟通结果。故此，我们在深入研究沟通艺术时，必须将结果与沟通过程紧密结合，相互支撑、相互促进。唯此，方能推动我们不断积累沟通艺术精华，持续改进沟通方式与方法，以实现更为高效、精准的沟通效果，更好地服务于党和人民的事业。

一、沟通结果的三种形式

在领导理论看来，沟通结果起码可以分为以下三种。

第一，沟通结果务必清晰明确。这是广大民众普遍经历的一种情况。举例来说，经过考试与面试的严格筛选，成功获得录取通知书；在商业活动中，通过招投标答辩和合同谈判等环节的深入交流，顺利取得中标通知书并完成合同签订；在国际合作领域，各国通过谈判达成共识，签订贸易协定书。这些均体现了沟通后形成的清晰明确的结果。

第二，沟通结果模棱两可、含混不清。以公务员招考为例，每年均有众多职位吸引大量应试者竞相报名，人数动辄数十、成百上千。因此，必须通过笔试、面试等环节层层筛选，最终确定考察对象，并经由组织程序得出最终结论。在此过程中，除最终胜出的应试者外，其余应试者在面临淘汰之际，所获得的沟通反馈往往较为笼统模糊，缺乏具体明确性。

在商业领域，此类情况更是屡见不鲜。无论是规模较小的招标项目还是大型工程，参与的承包商数量众多，每轮沟通往往仅能获得中间性的、不够明确的反馈。即便是在特殊情况下，通过竞争性谈判确定的项目，在最终中标结果揭晓之前，其谈判沟通亦常显含糊不清。

至于国与国之间的交往，此类情况更是尤为突出。外交行动往往难以一蹴而就，需要经过多轮次的深入磋商，方可达成双方或多方均可接受的协议。当然，最终未能达成共识、谈判磋商无果而终的情况亦时有发生。

第三，沟通过程即为沟通结果的体现，二者相辅相成。其中，广告行业在此方面的表现尤为突出。对于广告公司而言，广告设计的华丽程度、受众定位的精准性固然重要，但核心目标在于将广告内容投放至预定媒介之上。投放行为既为广告内容与潜在受众之间的沟通桥梁，同时也是广告活动的直接成果。至于广告投放后所带动的销售业绩提升，则更多地归属于产品供应商的经营成效范畴。

二、沟通的结果逻辑

沟通的结果逻辑是一项至关重要的内容，尽管我们时常与之接触，却往往容易忽视其重要性。因此，在领导理论研究中，我们特意将其提出并予以深入探讨。根据领导理论，沟通的结果逻辑涵盖了多个关键步骤，包括预先设定沟通的结果、以结果为导向推动沟通过程、对沟通结果的达成情况进行评估，以及基于评估结果做出进一步安排等。

首先，沟通结果的预设是沟通的核心所在，它如同沟通的灵魂，贯穿于整个交流过程。我们常说"不打无准备之仗"，这是因为明确的结果预设对于任何形式的沟通都至关重要。在面试这一特定场合中，我们经常会观察到一种现象：有的面试者尚未入座，便显得紧张不安，明显缺乏自信。这就如同高手过招，若缺乏求胜的强烈欲望，便等同于未战先败，又何谈过招之精妙？

其次，沟通过程的结果导向是沟通的核心原则。换言之，沟通过程务必以预设结果作为目标导向，确保沟通始终围绕这一目标展开。在沟通过程中，任何沟通技巧的运用，均应以强化和推动实现预设目标为根本宗旨。

特别需要强调的是，沟通中最应避免的是过于追求营造融洽、热烈的沟通氛围，而忽视了沟通的核心目的。这种做法不仅效率低下，浪费了宝贵的时间和精力，而且可能给人留下"不专业、不可靠"的印象，严重损害个人形象，进而影响单位整体的声誉和信誉。

此外，对沟通结果的评估环节，尽管常被忽视，却实为提升管理水平、迈向新台阶的关键保障。众多组织在此方面管理环节存在缺失，多数人也缺乏相应意识，甚至部分人持抵触态度，视其为形式主义的赘疣。在领导参与沟通的情况下，总结经验亮点固然重要，但查找问题、剖析失败原因并汲取教训同样不可或缺。然而，实际操作中，许多人顾虑重重，要么言辞含糊、绕弯子，要么避重就轻、轻描淡写，甚至假装糊涂、故意歪曲事实。因此，这样的评估不仅是对领导自我修正能力的考验，也是对团队修正机制及成员正直品质的检验，直接关系到组织未来能否稳健前行、行稳致远。

第十一章　调整能力的提升

在领导工作实践中，调整不仅是必要的，而且是常态化的。调整工作涉及组织运作的方方面面，关系到组织内部每位成员的切身利益，更与组织的发展蓝图息息相关。因此，领导者务必亲力亲为，确保上下协同一致、步调统一，绝不能随意行事、轻率处置。

第一节　调整的准备

任何调整均须经过深思熟虑，绝非一时兴起所能决定，更非一蹴而就的简易任务。领导理论指出，调整本身固然具有重要性，但准备工作的充分性更是衡量调整成效的关键所在。

就调整准备的方式而言，应遵循公开透明、内外兼顾的原则，既可通过社会层面广泛征求意见，也可在内部进行深入研讨。调整准备的流程应严谨规范，包括以特定事件或形式释放调整信号、选取典型单位开展试点工作、逐步扩大调整范围等环节，以确保全面调整的有序推进。

在此过程中，既可以以理论研究为先导，深入剖析调整的必要性和可行性，统一思想认识，为调整工作提供理论支撑；也可采取边实践边总结的方式，不断完善调整方案，确保调整工作的顺利进行。

一、调整准备的形式

在调整准备工作的推进中，关于采取公开透明方式还是秘密内部方式进行，需遵循一个科学合理的判断标准，即全面考量调整的规模、重要程度以及紧迫性。通常情况下，对于重大且紧迫的调整任务，我们更倾向于采取秘密和内部的方式进行精心准备。这是因为此类调整涉及组织体系特别是领导体系的统一决策部署，因此，通过秘密和内部的方式筹备，既有利于提升工作效率，又能有效防范因信息泄露而引发的不必要动荡。

相对而言，对于规模较小、重要性较低且时间要求不甚紧迫的调整准备事宜，则可以采取更为开放和公开的方式进行，鉴于其影响范围相对有限，公开透明的方式也有助于增强社会认同感和公信力。当然，在特定情况下，根据工作需要和实际情况，也可以灵活采取公开方式处理重大、紧急事项的调整准备工作。在此，我们着重就重大、重要且紧急事项的调整准备问题进行深入研讨，以期为推动相关工作的顺利开展提供有力支撑。

（一）一般情况下的调整准备

鉴于重大、紧急事项的调整具备牵一发而动全身的重大特性，为确保调整的顺利进行，必须采取内部且秘密的方式进行深入细致的调整准备。通常而言，调整的目标与方案框架应由最高领导者亲自审定把关，并指定少数核心人员以专班或兼职的形式，深入研究、精心打磨，形成初步成果。随后，应在领导体系内的小范围内对初步成果进行细致的研究和反复推敲，确保其科学性和可行性。在此基础上，逐步扩大范围，广泛征求各方意见，充分吸收各方智慧。最终，由最高领导体系进行集体决策，由最高领导者作出决策部署，确保调整准备工作得以圆满完成。

（二）特殊条件、特殊情况下的调整准备

在日常生活和工作中，我们时常面临各类特殊条件和复杂情况，这些情境要求我们展现出高度的灵活应变能力，进行针对性的调整与充分准备。特殊条件的出现，往往伴随着一系列前所未有的挑战与潜在的机遇，这就要求我们必须具备卓越的适应能力和创新思维能力。

特殊条件和特殊情况下的调整与准备任务是一项极其复杂且至关重要的政治任务。在应对此项任务时，我们务必要保持冷静、理性的头脑，充分发挥创新思维，同时保持开放与包容的政治态度。

二、调整准备的流程

调整，尤其是重大调整，其启动方式是对领导者智慧的严峻考验。正如俗语所言："良好的开端是成功的一半"，反之亦然。一旦开端得当，便能有效扩大影响，掀起高潮，进而按照既定方案稳步有序推进。

一是精心布局调整前的"先手棋"。即寻求一个适宜的"契机"，为即将进行的调整工作铺设基石。若恰逢民众热切期盼且亟待解决的特殊事件为"契机"，则无疑为调整工作注入强大动力。

二是深入推进调整准备工作。在完成"先手棋"之后，我们绝不能止步于此，而应乘势而上，进一步加大调整准备工作的力度，确保其不断深化和拓展。此阶段不仅是调整准备工作的关键环节，更是其高潮所在。

三是调整准备所取得的显著成果。这些成果在目标的设定与实现上得到了充分体现。20世纪70年代后期，为推动中国发展道路与未来命运的深刻变革，我们积极筹备并确立了否定"两个凡是"的明确目标。经过近两年的精心组织和周密部署，党的十一届三中全会于1978年12月18日胜利召开。会议在邓小平同志的《解放思想，实事求是，团结一致向前看》重要讲话的指引下，全面实现了思想路线、政治路线、组织路线以及重大历史是非问题的拨乱反正。全会作出了实行改革开放的重大战略决策，并正式启动了农村改革的崭新征程。自此，中国改革开放的伟大历史序幕得以正式拉开，为国家的繁荣富强和人民的幸福安康奠定了坚实基础。

对于调整来说，调整的准备过程非常重要，而对于方向性的调整则更为重要。准备的过程既是统一思想认识的过程，也是明确方案、落实实施步骤的过程。准备越充分、越到位，调整的效果就越好。

第二节 调整的时机

辩证法告诉我们，调整无处不在、无时不有，因为调整就是运动，而运动是永恒的。故而，讨论调整时机，必须紧密结合具体组织情境及其所处的边界条件做出精准判断。从抽象层面来看，调整时机的把握主要体现于两个方面：一是规律性调整，即依据既定规则与预期进行的调整，如政府按期换届，此类调整遵循宪法或法律的明文规定，到期即需执行；二是随机性调整，鉴于世事多变，常有紧急情况需应对，此时必须灵活变通，适时调整，以寻求新的发展契机。

具体而言，调整时机的选择需全面考量天时、地利、人和等多重因素。在我国传统文化中，"时机"一词往往寓意天、地、人三者间运动状态的契合点。因此，领导理论认为，调整时机既非完全受制于人的主观意志，亦可通过深入研究与精准把握来实现有效管理。

一、调整时机的一般原则

一般原则指的是那些既抽象又蕴含深刻规律的指导准则。这些原则涵盖了规律性与随机性调整的深刻内涵。在领导工作的实践中，一旦我们能够深刻领会并准确把握这些一般原则，便能有效避免在决策和行动中出现重大偏差和失误。这是因为，任何具体的调整措施，都是一般原则在特定时空背景下，结合天时、地利、人和等多元因素所形成的具体应用场景中的具体体现和灵活运用。这种应用不仅要求领导者具备深厚的理论素养和敏锐的洞察力，更要求他们具备高度的政治智慧和坚定的实践勇气。

然而，必须强调的是，一般原则的应用效果并非一蹴而就，而是对领导者综合素质的全方位考验。如果领导者在品德修养、能力素质等方面存在不足，即便掌握了这些一般原则，也难以将其转化为推动工作发展的强大动力。因此，领导者在深入学习和掌握一般原则的同时，更应注重提升自身素质和能力，以确保能够在实践中充分发挥这些原则的指导作用。

（一）规律性调整

规律性调整具备一定程度的可预见性，亦不可简单理解为仅在既定时间节点启动或着手准备。以西方民主选举为例，一轮选举尘埃落定之际，新一轮选举的筹备工作往往已悄然展开。然而，在此过程中，鲜有候选人过早地公开表达参选意向。潜在参选者虽未明示表态，但实则已在背后默默进行各项准备工作。他们需综合考虑多方因素，深入研判形势发展，并择机宣布参选意愿。一般而言，选举周期的中期阶段或距选举一年左右的时间节点，被视为较为适宜的表态时机。这样的安排既有助于参选者从容不迫地制定策略、稳步推进工作，又能为其预留足够的时间以应对可能出现的各种挑战与变故，确保选举工作的顺利进行。

（二）随机性调整

随机性调整与规律性调整形成对比，它指的是由于某些突发变故而不得不进行的调整措施。例如，当某一级组织的领导层遭遇突发事件而无法继续履行职责，或者某一地区因特殊变故需变更原有部署时，均须进行随机性调整。在之前的讨论中，我们多次提及外界条件的变化对组织运行所产生的影响。组织运作的本质在于对人、财、物及其他资源进行整合配置，因此，随着外界条件的变化，组织运作必须灵活应对，调整措施亦需具备随机性。

社会实践充分证明，以不变应万变并非万全之策，若一味坚持此种方式，失败将难以避免。因此，随机性调整的时机至关重要，应追求及时、迅速。为确保调整的及时性和有序性，部分调整措施甚至可通过立法形式预先加以规定，如美国宪法即明确规定了总统无法履职时的调整机制。

二、调整时机的因素原则

在考量调整时机的诸多因素中，天时、地利、人、财、物均为关键要素。然而，在深入剖析这些因素对调整时机的影响时，需依照其重要性与紧迫性进行排序，依次为：人、财、物、地利、天时。

首先，调整时机的首要考量因素在于"人"。正如毛泽东所指出，一旦政治路线得以确立，干部便成为决定性的因素，这一论述深刻揭示了人的核心地位。在多数情境下，人的重要性不仅关乎任务执行的效率，还直接影响着事业的成败，乃至天下大势的演进方向。因此，人的因素与调整时机的把握在诸多情况下均显得尤为紧迫且至关重要。

第二，影响调整时机的第二因素是财。资金因使用目的不同，调整时机亦有差异。在军事领域，战时军费需求优先，军饷发放需及时以保障军队稳定。商业领域则注重利益最大化，合同执行需严格遵循条款。因此，选择调整时机需充分考虑财务状况，确保各项事务顺利进行。各级党组织和政府应强化财务管理，保障资金合理使用。

第三，物资设备作为影响调整时机的第三个关键因素，在马克思生产力理论中扮演着不变资本的重要角色。不变资本必须与可变资本（即人力资源）相结合，方能实现产品的生产与价值的创造。根据广义劳动价值论的研究结论，当可变资本与不变资本的比例达到"黄金分割"状态时，所创造的价值增值将达到最大化。随着科学技术的不断进步，不变资本与可变资本之间的界限正逐渐变得模糊，这进一步凸显了物资设备在生产过程中的重要性。

第四，地利与天时是影响调整时机的重要因素。地利包括交通条件、资源分布、营商环境及政策环境等多个方面，这些自然环境和社会环境因素对于各项工作的顺利开展具有举足轻重的作用。而天时则是指宏观的形势与趋势，任何忽视大势、无所作为的行为都可能导致错失良机、陷入被动。当然，不同天时对于调整时机的要求亦有所区别，面对突发性的天灾事件，我们必须立即作出反应，果断调整策略，确保工作不受影响，避免造成重大损失。

第三节　调整的艺术

调整工作涉及多方因素，需宏观、中观、微观层面全面部署。涉及范围既有全面考量，也有局部安排；要素包括软性要素如理论、舆论、氛围，及硬性要素如人员、资金、物资、地域等。调整艺术在于科学组合运用要素，化解矛盾，确保顺利进行。这需从全局出发，统筹兼顾，确保实效。

在调整的过程中，无论是宏观、中观和微观层面，还是全局与局部层面的变动，都不可避免地依赖于各种要素。故而，调整艺术的核心在于围绕软、硬两种要素展开。然而，值得注意的是，在不同层面的调整中，软、硬要素所发挥的作用和涉及的范围是有所区别的：宏观和全局层面的调整会涉及软要素中的理论层面，而局部或微观，甚至中观层面的调整，则基本上不涉及理论层面，或许与舆论的关联也并不显著。

一、软要素的调整艺术

理论、舆论与氛围，在任何组织的运作中均占据着举足轻重的地位，它们犹如空气、阳光和水，虽然不易被觉察，但无时无刻不在滋养着组织的发展。对于社会整体运作而言，其重要性更是不言而喻。因此，软要素的调整对于领导者而言，无疑是一次智慧与能力的考验。在社会层面，若能精准把握理论、舆论与氛围的调整，必将有助于营造社会和谐稳定、国泰民安的良好局面。反之，若未能妥善处理这些软要素，则可能引发社会失序、动荡不安的严重后果。

（一）隔岸观火

隔岸观火为三十六计中的第九计，其具体策略分别为"阳乖序乱"，旨在揭示敌方内部矛盾激化，纷争公开化，秩序陷入混乱之境；"阴以待逆"，强调我方应保持冷静沉稳，不轻易表露态度，静观其变，静待时机；"暴戾恣睢，其势自毙"，则意味着放任敌方肆意妄为，终将导致其自陷困境，自取其败；"顺以动豫，豫顺以动"则凸显了在时机成熟之时，顺应形势，果断行动，方能取得胜利。

三十六计作为军事谋略与对敌之策，其智慧精髓同样可借鉴于党的领导与理论调整之中。所谓"阳乖序乱"，即通过积极引导，激发理论探讨的热烈氛围，让舆论得以充分发酵，各种观点得以自由展现。"阴以待逆"则要求领导者在关键时刻保持战略定力，不轻易表态，但应始终把握全局，确保局势稳定。"暴戾恣睢，其势自毙"在此语境下，可理解为允许各种意见充分表达，通过深入讨论和比较，使真理越辩越明，谬误自然淘汰。"顺以动豫，豫顺以动"则强调，在理论辨明、观点厘清的基础上，领导者应果断决策，以坚定的政治定力和高瞻远瞩的战略眼光，引领事业发展。此法尤适用于涉及组织方向性的重大调整，对于加强党的领导、推动理论创新具有重要意义。

（二）己所欲而施于人

此法乃是对"己所不欲，勿施于人"的反向运用。其核心在于，当理论与路线在领导体系层面已经明确，并被视为领导体系的"己所欲"之后，即将付诸实施的重大调整。然而，仅仅体现领导层的"己所欲"意志是远远不够的，还需将这一理论广泛"施于"全体成员，用以武装思想，确保各方步调一致。为此，领导体系可采取措施，将"己所欲"的理论成果自上而下地进行深入讨论与学习，以期在较短时间内形成集中的舆论氛围和团结一致的行动态势。此法有助于迅速凝聚共识，消除"不合时宜"的杂音，防止对既定方针的推行造成干扰。然而，思想问题的解决并非一蹴而就，需要在实践中不断加以巩固和深化，并辅以必要的"我讲你听"式教育，以确保思想的统一和行动的协调。

（三）潜移默化

理论问题往往具有深刻内涵，需要经过时间的沉淀和深入研析，方能达到春风化雨、润物无声的效果。此法是在"隔岸观火"与"己所不欲，勿施于人"的传统智慧基础上，采取先行先试的策略，通过以点带面的方式，逐步将理论转化为生动具体的实践成果，从而推动理论成为指导人们思想和行动的有力武器。在这一方面，中国共产党的理论创新堪称典范。

毛泽东思想在党的建设、政治建设、军队建设以及军事理论等多个领域，通过秋收起义、井冈山斗争、红军建设、反"围剿"斗争、长征、抗日民族统一战线等一系列革命实践，成功地将马克思列宁主义基本原理同中国革命具体实际相结合，将理论转化为指导革命实践的强大武器，成为引领时代的思想旗帜。

以邓小平理论为代表的改革开放理论，以及以经济建设为中心的发展理念，同样是通过深圳特区、浦东新区等先行先试地区的成功实践，将中国特色社会主义理论转化为推动经济社会发展的强大动力，不仅得到了全国各族人民的广泛认同和支持，也赢得了国际社会的广泛赞誉和关注。

相较于领导实践而言，我们在此所讨论的软要素调整艺术只是冰山一角。因此，各级领导干部应深刻认识到加强理论学习和实践的重要性，不断提高自身的理论素养和实践能力，为推动国家治理体系和治理能力现代化作出更大贡献。

二、硬要素的调整艺术

领导理论研究的核心要义可精炼概括为：致力于将领导者在把握与运用"势、是、式"等方面的能力提升至艺术化层面。其中，"势"指人类社会发展的总体走向和世界大势，此等大势往往超越个体意志的操控范畴；"是"则深刻揭示社会治理和区域发展的内在规律，体现领导者在理论探索和实践中的丰硕成果；"式"则是在"是"的指引下，领导者所采取的具体行动模式和实施方式。

在软要素调整层面，我们注重营造积极向上的氛围、优化发展环境并凝聚发展气场，旨在有效引导社会各类资源向领导者所期许的方向汇聚，从而推动社会治理和区域发展的大势所趋。至于硬要素调整，则聚焦于"人、财、物、区域"等核心要素，致力于构建与领导者发展目标相契合的治理结构、机制模式，以此夯实领导实践的主体内容。

（一）"增兵减灶"的调整艺术

"减灶"策略，即缩减资源分配，特别是针对人力资源方面的调配。在现实社会的管理实践中，必然会遭遇种种挑战：某些地区或个体因方向不明、节奏不符或种种原因难以适应调整要求，同时，其他区域亦存在类似干部管理问题亟待解决。此时，采用"减灶"策略尤为必要。具体而言，可将这类干部统一调配至特定地区加以利用，同时，在财物管理上实行严格把关，形成"适度紧缩、保障基本"的局面。此举旨在实现双重目标：一是通过自然减员的方式逐步消化冗员，以维护整体稳定；二是促使那些难以调整的干部自我认知、主动寻求改变，乃至按照组织期望提出调整要求，从而推动干部队伍的优化与更新。

（二）"巧妇之难"的调整艺术

这一调整艺术的核心在于研究要素短缺情形下的有效调整策略。常言道："巧妇难为无米之炊"，意在强调资源的匮乏对任务完成的制约。在经济学领域，也有著名的"木桶理论"，其核心思想在于强调整体性能受限于其最薄弱环节。然而，在领导实践的调整过程中，我们并非完全受限于资源短缺的困境，亦非简单遵循"木桶理论"的论断，而是需灵活运用，反向思考其内涵。

在具体实践中，调整艺术主要体现为两种模式：激励与管控。鉴于人类社会作为一个极其复杂的系统，众多调整措施往往难以完全契合领导者的主观意愿。因此，妥协成为常态。然而，妥协亦需讲究艺术，以达成主要目标为导向，确保在资源短缺的情况下仍能实现有效调整。

一是激励策略，即运用"无米出巧妇"的调整艺术。对于怀揣理想与坚定信念的个体而言，这种独特且富有挑战性的方法能够显著激发其斗志。在"四一二"大屠杀的艰难时期，面对资金匮乏、枪械不足、物资紧缺甚至人员短缺的困境，中国共产党的众多干部仅凭一纸"委任状"——实则是任务书，便毅然决然踏上征程，深入开展群众工作。经过一年半载的艰苦努力，一支支革命队伍如雨后春笋般蓬勃发展。其中,"无米出巧妇"的调整艺术发挥了至关重要的作用。

二是实施管控,即运用"胡同里跑马"的巧妙调整策略。其核心在于精细调整人、财、物、地域等关键要素的配置,使这些要素始终保持一种动态的失衡状态,从而令被管控者始终感受到一种"床底下打拳——施展不开"的局促感。在人才管理方面,有一类人虽被誉为"千里马",具备卓越的执行力,然而其野性难驯、难以驾驭。对于此类人才,领导者需灵活运用上述策略,一方面通过磨炼其性格,促使其成长为更成熟稳健的"琢玉成器"之才;另一方面,防范其因过于突出而遭受"木秀于林,风必摧之"的境遇,甚至被他人利用。

同时,也存在另一类人才,他们绝非无用之辈,实乃潜力巨大的"河豚",虽美味无比但亦带有剧毒。对于这类人才,领导者在资源配置上需格外审慎,关键时刻给予高配资源,助力其迅速完成任务,推动整体目标的实现;而在平时则需保持紧密管控,甚至在任务完成后采取"釜底抽薪"的策略,使其资源回归低效能状态,以维持组织的稳定与平衡。

综上所述,无论是识人用人、沟通协调,还是战略调整、创新变革,均需领导者秉承终身学习、终身成长的理念。在当下这个充满变革与挑战的时代,提高学习能力、坚持终身学习,已成为保持领导力持久有效的重要基石。领导者务必坚定终身学习之志,切实将所学所得应用于实际工作之中,勇于担当、敢于创新、善于实践。唯有勇于跳出舒适区,积极面对挑战,方能取得真正意义上的收获与进步,为党和人民事业不断作出新的更大贡献。

参考文献

[1]余世维.有效沟通：管理者的沟通艺术[M].北京：机械工业出版社，2006.

[2]哈罗德·孔茨，等.管理学[M].北京：经济科学出版社，2012.

[3]奥利维娅·福克斯·卡巴恩.精英的人格魅力课[M].徐言，译.杭州：浙江人民出版社，2018.

[4]帕特里克·兰西奥尼.团队协作的五大障碍[M].华颖，译.北京：中信出版社，2013.

[5]金占明.战略管理——超竞争环境下的选择（第四版）[M].北京：清华大学出版社，2015.

[6]约瑟夫·A.德维托.深度沟通(快速掌控谈话)[M].吴晓静，译.北京：北京联合出版公司，2019.

[7]曾国平.追求卓越领导力[M].重庆：重庆大学出版社，2013.

[8]丹尼尔·皮诺杨.领导力：核心揭秘[M].佩昌，郑烨，陈静，译.北京：机械工业出版社，2008.

[9]詹姆斯·库泽斯，巴里·波斯纳.领导力：如何在组织中成就卓越[M].徐中，等，译.北京：电子工业出版社，2013.

[10]威廉·科恩.德鲁克，论领导力：现代管理学之父的新教诲[M].黄京霞，等，译.北京：机械工业出版社，2012.

[11]李映霞.管理沟通:理论、案例与实训[M].北京:人民邮电出版社,2017.

[12]弗德曼·舒茨·冯·图恩.沟通的力量：极简沟通的四维模型[M].冯珊珊，译.天津：天津人民出版社，2020.